공병호의
성경공부

공병호의
성경공부

성경에서 답을 찾다

공병호 지음

21세기북스

다시 일어서는 '힘'과 '지혜'

누군가 당신에게 '행복'을 묻는다면 혹은 '평안'을 묻는다면 어떻게 대답할 수 있을까요? 기꺼이 행복하다고, 평안하다고 답하시겠습니까, 아니면 아무래도 '행복'이나 '평안'은 나와 거리가 먼 일처럼 느껴져 대답을 주저하게 될까요? 그것도 아니면 즉각적으로 결코 행복하지 않다고, 평안하지 않다고 토로하시겠습니까?

삶이 행복하고 평안해야 한다는 것은 당연한 명제임에도 불구하고 사실 우리의 현실은 그것과는 먼 거리를 유지하고 있습니다. 그리고 그 당연한 일에 대한 진지한 고찰 없이 하루하루가 흘러가고 있지요.

이 책은 언제 어디서나 어떤 환경에 처해 있든지에 관계없이 참 행복과 참 평화를 누릴 수 있는 방법과 지혜를 다루고 있습니다. 그런데 여기서 중요한 것은 그 참 행복과 참 평화가 여러분의 힘과 능력 그리고 노력으로 애써 만들어내는 것이 아니라 그저 '누리는' 것이라는 사실입니다. 내가 '만드는 것'과 '누리는 것' 사이에는 대단한 차이가 있습니다.

이 책은 제가 그동안 써왔던 다양한 종류의 실용서나 사회평론 그리고 고전 등에 관한 책과는 좀 성격이 다릅니다. 행복을 믿음으로 접근한 나름대로의 '행복론'이기도 하고, 어려운 시기를 어떻게 극복해야 하는가를 다룬 일종의 '지혜서'이기도 한데, 무엇보다 『성경』을 기초로 쓴 저의 첫 번째 책이기도 합니다. 다시 말하면 이 책은 『성경』에 바탕을 두고 '다시 일어서는 힘과 지혜'를 다루고 있습니다. 어려운 시대를 살아가면서 저마다의 문제를 부여잡고 안간힘을 쓰는 분들에게 작게나마 위안과 힘을 줄 수 있기를 바라는 마음에서 쓰게 된 책입니다.

저는 고등학교, 대학교 그리고 유학과 신혼 시절에 여러 번 예배당에 오고 가기를 반복했습니다. 하지만 믿음을 제대로 이해하고 받아들이는 일은 쉽지 않았습니다. 저는 대표적인 인본주의자였으니까요. 제가 인생의 근본 문제를 탐구하기 시작한 것은 50세를 막 넘었을 때입니다. 그때부터 서양고전에서 출발해 삶에 대한 근원적인 공부를 하기 시작했습니다. 인문 고전 특히 서양고전이나 동양고전이 그러한 고민에 해답을 줄 수 있을 것으로 믿었기 때문입니다.

그렇게 해서 지난 2년에 걸쳐서 『공병호의 고전강독』 전4권을 출간했습니다. 주로 소크라테스, 플라톤, 아리스토텔레스의 대표적인 저술들을 파고들었습니다. 고대 그리스 철학을 공부하면서 '영혼의 문제'가 그들이 다룬 주요 주제 가운데 하나였음을 확인했습니다. 그래서 영혼에 관해서 별도의 책을 준비할 계획을 세우기도 했습니다.

그런데 고전공부를 하면서 그들 철학이 유용하고 삶의 다양한 문제에 대해 생각할 거리를 제공하는 데 도움을 주지만 무언가 해답을 제시하는 데는 미흡하다는 생각을 했습니다. 그래서 다음 공부 주제로 『성경』을 염두에 두었지만, 『성경』 공부는 너무 어렵고 종교적인 주제인지라 솔직히 자신이 없었습니다.

그러던 어느 날이었습니다. 믿음을 갖기 시작한 지 오래되지 않은 아내가 한 목회자의 동영상 설교를 들으면서 채소를 다듬고 있었습니다. 그동안 여러 번 아내 곁에서 설교를 들었습니다만, 그저 좋은 이야기로구나, 하고 생각하는 것이 고작이었는데, 그날은 웬일로 집중이 잘되는 것이었습니다. 그러다 불현듯 "여보, 바로 저게 진리였네!"라는 말을 툭 던지기까지 했습니다. 그렇게 저는 예수를 믿는 자의 대열에 들어서게 되었습니다.

어떻게 보면 아주 쉽게 이루어진 변화지만 신앙을 갖는 일은 실로 엄청난 일에 해당합니다. 한 사람의 세계관에 근본적인 변화를 가져오는 일이니까요.

그때부터 저는 인문학 공부를 접고 『성경』 공부에 몰두하기 시작했습니다. 『성경』과 목회자의 말씀을 스펀지처럼 받아들였습니다. 이동하는 차 안에서, 거리를 걸으면서, 밥을 먹으면서, 운동을 하면서도 설교 말씀을 듣고 『성경』을 읽었습니다. 그리스도교의 근본을 철두철미하게 이해하려는 내 안의 힘이 아주 드셌기 때문입니다.

예수님을 나의 주인으로 받아들인 다음에 정말 삶에서 많은 변화가 일어났습니다. 저 자신도 그렇고 가족들도 그런 변화를 크게 느낄 정도였으니까요. 더욱이 저는 "믿음이란 게 정말 대단한 것이구나!" 라는 생각을 갖게 되었습니다. 우리가 누군가를 사랑하면 행복감을 느낌과 동시에 그 사랑하는 대상을 널리 알리고 싶은 욕구를 갖게 되지요. 이런 욕구가 저로 하여금 서둘러 책 쓰기를 시작하도록 만들었습니다.

그러나 세상에는 예수님이란 주제만을 놓고 평생을 공부하는 뛰어난 신학자들도 많고 새벽부터 밤늦게까지 예수님의 일을 맡아서 하는 훌륭한 목회자들도 많습니다. 그래서 굳이 평신도가 이런 책을 쓸 필요가 있는가라는 생각을 하기도 했습니다. 그러나 나름대로의 숙고 끝에 매우 큰 의미가 있다는 결론에 도달했습니다. 목회자가 아니라 평신도의 입장에서, 오랫동안 하나님과 떨어져 있었던 사람 입장에서 느끼고 볼 수 있는 것도 많을 것이라고 생각했기 때문입니다. 오랜 영적 방황 후 그 방황의 끝자락에서 진리를 붙잡은 사람은 더 절실히 이를 전할 수 있다는 생각을 굳혔습니다.

그야말로 치열하게 젊은 날과 중년을 통과해온 저는 살면서 "내가 모든 것을 할 수 있다"거나 "우리가 모든 것을 할 수 있다"는 주장에 크게 동감하는 입장을 취해왔습니다. 그러나 세상 경험과 공부가 더해지면서 과연 그런 낙관적인 주장이 진실인가? 하는 질문과 맞닿았고 결국 하나님과의 관계를 정상화하는 일 없이 삶에서 진정한 행복이나 기쁨을 취하기 어렵다는 결론을 내리게 되었습니다.

앞으로도 예수님에 대한 공부를 계속할 계획입니다. 이렇게 좋은 진리를 더 많은 분들이 접하고 진정한 의미의 행복을 누릴 수 있도록 힘을 더하려 합니다. 신앙의 영역에서 새로 시작하는 사람이 쓴 책이라 다소 엉성한 면도 있을 것이고 맞지 않는 부분도 있을 것입니다. 아무쪼록 이 점 널리 이해해주시기 바랍니다. 무엇보다도 여러 뛰어난 목회자들의 설교와 책 그리고 온라인 문서사역에서 큰 도움을 받았음을 밝혀둡니다.

여러분도 하나님과 늘 함께하셔서 참 행복, 참 평안, 참 성공하는 인생을 위한 힘과 지혜를 얻게 되길 간절히 기도드립니다.

2014년 1월
공병호

찾아보기

성 경 에 서 답 을 찾 다

1부

가시밭길에서도
행복할 수밖에
없으니

"아무것도 염려하지 말고 다만 모든 일에 기도와 간구로
너희 구할 것을 감사함으로 하나님께 아뢰라.
그리하면 모든 지각에 뛰어난 하나님의 평강이 그리스도 예수 안에서
너희 마음과 생각을 지키리라."

– 「빌립보서」 4:6-7

'비밀의 발견'

:: 세상에는 수많은 책이 있지만 열 번이고 스무 번이고 심지어는 백 번을 읽어도 재미있는 책이 있을까요? 바로『성경』이 그렇습니다. 『성경』은 읽으면 읽을수록 그 재미가 살아나는 아주 특별한 책입니다. 그런데 왜 수많은 고전 명작 시리즈에는 성서가 포함되어 있지 않을까요? 아마도 종교 서적이라고 생각해서 제외시킨 것이겠지만, 교양 교육이 강한 시카고대학에서는 신입생 고전공부 커리큘럼에서 맨 처음 읽히는 것이『성경』의 「창세기」입니다.

사실 저도 고전공부를 시작하면서 소크라테스, 플라톤, 아리스토텔레스 등 고대 그리스의 주요 철학자들 저술들을 읽고 난 후 고대 그리스 신화와 희비극 등을 거쳐 로마시대의 저술로 옮겨간 다음 만일 시간을 낼 수 있다면『성경』을 읽을 계획이었습니다. 서양고전의 양

대 축 가운데 하나인 히브리 전통도 잠시 둘러볼 계획이었습니다만, 자신은 별로 없었습니다. 너무 어려울 것으로 생각했기 때문입니다.

그렇게 고전공부를 시작하면서 공부한 내용을 하나씩 책으로 엮기는 했지만『성경』은 다른 철학 서적들과는 격이 달라서 내가 이렇게 『성경』에 대한 책을 쓸 수 있으리라고는 확신할 수 없었습니다. 그렇지만 '이렇게 되면 좋을 텐데'라는 생각은 누구나 가질 수 있지 않습니까?『성경』에 대한 저의 생각도 비슷했습니다. 좀 잘 이해할 수 있으면 좋겠다는 소망이 지극했습니다. 그리고 어느 순간부터『성경』 말씀에 완전히 사로잡히고 말았습니다. 그러다 결국 이런 생각이 들었습니다.

"이제껏 이 일을 하라고 그 모든 경험들을 주신 거로구나."

제 인생 50년을 기점으로 새롭게 시작한 고전 읽기와 쓰기라는 프로젝트에서『성경』을 만났고, 이렇게『성경』에 대한 책까지 쓰게 되었는데, 이것이 인간의 결심과 의지만으로 가능한 일은 아니라고 봅니다. 믿음 속에서라면 하나님의 계획이 있지 않았겠나 하는 생각이 들지 않을 수 없습니다. 그래서 제가 여러분께 전하는『성경』의 첫 구절은 '비밀의 발견'입니다.

전체가 66권인『성경Bible』은『구약舊約』39권과『신약新約』27권으로 이루어져 있습니다. 그리스도인들에게『구약』은 하나님이 이스라엘 민족과 맺은 첫 약속을 뜻하며,『신약』은 하나님이 예수 그리스도를 통해 인류와 맺은 새로운 약속을 말합니다. 놀라운 사실은『구약』의 많은 부분들이 예수님의 등장과 활동을 정확하게 예측하고 있다는 점입니다. 그래서『구약』과『신약』모두 예수님에 관한 책입니다.

일반인에게 『성경』은 많은 고전 가운데 한 권으로, 『성경』 속에 기록된 내용도 지식 습득 차원에서 역사적 사실로 받아들입니다. 그러나 믿는 자들에게 『성경』은 그것이 역사적 사실임은 물론이고, 현재와 미래에도 내 삶을 움직이는 동력으로써 그 말씀의 운동력이 자신에게 역사하는 것이라고 믿습니다.

"내 눈을 열어 주의 율법에서 놀라운 것을 보게 하소서"라는 「시편」 문장은 하나님을 『성경』 속에서 만나기를 소망하는 사람들이 『성경』 읽기를 앞에 두고 드릴 수 있는 기도일 것입니다. 믿는 자는 『성경』을 이렇게 받아들입니다.

> 모든 성경은 하나님의 감동으로 된 것으로 교훈과 책망과 바르게 함과 의로 교육하기에 유익하니 이는 하나님의 사람으로 온전하게 하며 모든 선한 일을 행할 능력을 갖추게 하려 함이라.
> – 「디모데후서」 3:16-17

편견을 내려놓고, 선입견을 잠시 접어두고, 마음의 문을 활짝 열어놓은 채 『성경』을 읽기 시작하면 그 안의 글들이 새로운 모습으로 다가옵니다. 그렇게 열린 마음으로 『성경』 속 문장들 안에서 놀라운 것들을 찾아내는 독서가 『성경』을 읽는 멋진 방법입니다. 그래서 깊은 믿음을 가진 분들은 『성경』을 읽기 전에 잠깐 묵상이나 기도를 하라고 권합니다. 놀라운 것들을 만날 수 있도록 도와달라는 그런 기도 말입니다.

모든 책 읽기는 만남입니다. 새로운 누군가를 만나는 일이지요. 때로는 그 만남이 한 사람의 인생에서 결정적인 터닝 포인트를 만들어내기도 하는 법입니다. 성서는 그런 만남을 제공하는 면에서 아주 특별한 책입니다. 『성경』 읽기와 듣기가 반복되면서 제가 갖게 된 새로운 경험은 다른 그 어떤 저술을 읽을 때도 느낄 수 없었던 독특한 것이었습니다. 『성경』 속의 말씀이 골수에 스며들고 폐부를 찌르는 듯 느껴질 뿐만 아니라 내 마음과 영혼을 움직이는 듯한 그런 느낌을 자주 갖게 되었던 것입니다. 그리고 그 말씀들은 책 속의 문장으로서가 아니라 살아 있는 힘으로서 저의 매 순간을 지키며 숨 쉬고 움직이는 것을 느끼고는 합니다.

> 하나님의 말씀은 살았고 운동력이 있어 좌우에 날 선 어떤 검보다도 예리하여 혼과 영과 및 관절과 골수를 찔러 쪼개기까지 하며 또 마음의 생각과 뜻을 감찰하나니. - 「히브리서」 4:12

처음부터 모든 사람이 『성경』에서 그런 흥미진진함과 감동 그리고 교훈을 얻을 수 있다고는 생각하지 않습니다. 다만 틈틈이 시간을 내서 듣는 방법과 읽는 방법을 함께한다면 점점 그 깊은 뜻이 마음에 퍼져가는 것을 누구든지 느낄 수 있을 것입니다. 마치 리트머스 종이에 잉크가 퍼져가듯이 말입니다.

모든 시작은 미약합니다. 그러나 단 한 방울의 붉은 물감이 항아리 가득한 물 전체를 붉은빛으로 바꾸어놓듯, 단 하나의 말씀이 인간의 영혼과 마음 전부를 뒤흔들어놓고 기적 같은 일을 만들어낼 수 있답니다. 『성경』 말씀이 가진 힘이 바로 그렇습니다.

다만 기도로 모든 것을 구할지니

아무것도 염려하지 말고 다만 모든 일에 기도와 간구로
너희 구할 것을 감사함으로 하나님께 아뢰라. 그리하면 모든 지각에 뛰어난
하나님의 평강이 그리스도 예수 안에서 너희 마음과 생각을 지키리라.

*Do not be anxious about anything, but in everything, by prayer and petition, with
thanksgiving, present your requests to God. And the peace of God, which transcends all
understanding, will guard your hearts and your minds in Christ Jesus.*

－「빌립보서」 4:6-7

　　　:: 좋은 날이 계속되면 사람들은 그 좋은 날들이 마냥 계속될 것으로 생각합니다. 또 어려운 날이 계속되면 사람들은 그 어려운 날들이 마냥 계속될 것으로 생각합니다. 하지만 길지 않은 삶을 살면서 저는 좋은 날도 어려운 날도 계속될 수 없음을 깨우치게 됩니다. 좋은 날도 까닭 없이 어려워질 수 있다는 이야기지요. 이때 사람들은 크게 낙담하고 어찌할 줄 몰라서 당황하게 됩니다.

　알고 지내는 사람들끼리 모여서 부부 모임을 해온 지가 어느새 20여 년이 되었습니다. 그 오랜 시간을 함께하다 보니 서로 이해하는 면이 커지고 자연스럽게 집안 대소사에 관해 이야기를 나누게 됩니다. 그 누구보다 열심히 일했지만 잘나가던 기업이 부도를 맞게 되면서 고통을 당하는 친구도 있고, 별다른 걱정이나 우환이 없는 집안인데도

자식들이 빗나가서 어려움을 겪는 친구도 있습니다. 모든 것이 완벽하게 보이는 집안도 말 못할 사연 때문에 힘들어하기 마련이지요.

그런데 이렇게 어려움을 직접 겪은 경험이 있는 지인들 중에서도 믿음을 가진 사람은 흔하지 않습니다. 그들에게도 세상은 만사가 평화롭게 흘러가는 것이 당연해 보이기 때문입니다. 이따금 큰 고난을 겪지 않고서도 자신이 누리는 평화가 결코 당연하지 않다는 것을 깨닫는 사람도 더러 있습니다. 믿는 자들은 이런 분들을 두고 '하나님의 축복이 있는 사람'이라고 이야기하지요. 고난 없이도 스스로 하나님을 알겠다고 찾아온 사람들이니 말입니다.

20년 된 제 부부 모임의 회원 가운데 한 친구는 노력하는데도 일이 잘 풀리지 않습니다. 친구인 제가 보기에도 딱할 정도입니다. 부모님께서 힘들여 공부를 시켰고 본인도 열심히 살았습니다. 선량함이란 기준으로 친구를 평가하면 악인과는 거리가 아주 먼 친구이지요. 그런데 늘 인생사가 제대로 풀리지 않습니다. 친구는 제게 이런 이야기를 자주 합니다.

"내 대에는 그렇다손 치더라도 아이들 대에서는 삶이 좀 나아졌으면 좋겠다. 나는 왜 이렇게 일이 잘 안 풀리는지 모르겠다."

이렇게 넋두리를 늘어놓는 친구에게 제가 해줄 수 있는 이야기는 "앞으로 잘될 거다"라는 평범한 위로였습니다. 이번만 참아내면 잘될 것이라는 이야기를 해주는 것이 고작이었습니다. 그런데 제가 믿음을 갖게 되고부터는 친구의 어려움을 보는 시각이 달라졌습니다. 노력하지만 사사건건 길이 막히는 친구를 볼 때면 그가 어둠의 질긴 흑암 세력으로부터 자유롭지 않다는 생각을 하게 됩니다. 먼 조상들로부터 이어져온 죄의 그림자로부터 친구가 벗어나지 못하고 있다는 생각을 하게 되었습니다. 친구가 그렇다면 아이들 세대에서도 그런 그림자를 벗어나기는 힘들겠다는 걱정을 하게 됩니다.

이제는 친구에게 예전과 다른 이야기를 해줍니다. 친구에게 믿음을 가지라고 강력하게 권합니다. 예수님을 믿음으로써만 친구를 둘러싸고 있는 어둠을 모두 사라지게 할 수 있기 때문입니다. 하나님은 예수님을 이 땅에 보내 모든 종류의 죄(원죄, 조상이 지은 죄 그리고 자범죄)로부터 우리를 해방시켜주겠다고 약속하셨고, 이를 실현하셨습니다. 「로마서」는 "그리스도 예수 안에 있는 생명의 성령의 법이 죄와 사망의 법에서 너를 해방했음이라"(「로마서」 8:2)라고 증언하고 있으며, 「요한복음」은 "내가 진실로 진실로 너희에게 이르노니 내 말을 듣고 또 나 보내신 이를 믿는 자는 영생을 얻었고 심판에 이르지 아니하나니 사망에서 생명으로 옮겼느니라"(「요한복음」 5:24)라고 증언하고 있습니다.

예수님을 믿음으로써 우리는 죄와 사망으로부터 완전한 해방을 얻음과 아울러 우리가 가진 과거, 현재, 미래의 모든 문제를 해결할 수 있게 됩니다. 그래서 그리스도는 모든 문제의 해결자라고 부릅니다. 예수님을 믿음으로써 죄와 저주의 굴레에 갇힌 자신을 그리스도의 힘과 능력으로 벗어나게 되는 것을 두고 우리는 흔히 구원이라고 하지요. 구원은 하나님으로부터 받을 수 있는 큰 축복 가운데 하나이며, 인간의 선택이란 면에서 보면 가장 현명한 선택 가운데 하나일 것입니다.

예수 믿을 것을 권하는 제게 친구는 "세상에 너처럼 합리적이고 이

성적인 친구가 어떻게 예수쟁이가 될 수 있었니?" 하고 놀랍니다. 그러나 저는 늘 그 친구를 제 기도목록에 포함하고 있습니다. 얼마 가지 않아서 친구가 믿는 자의 대열에 설 것을 확신한답니다.

한편 『성경』에는 아브라함에게 하나님이 해주신 말씀이 기록되어 있습니다. 아브라함은 늦은 나이에 축복을 받은 믿음의 조상입니다. 다윗이나 예수님이 모두 아브라함의 후손들이지요. 하나님의 축복은 제가 자식들에게 늘 해주는 축복입니다.

> 내가 너로 큰 민족을 이루고 네게 복을 주어 네 이름을 창대하게
> 하리니 너는 복이 될지라.(I will make you into a great nation and I
> will bless you; I will make your name great, and you will be a
> blessing.) - 「창세기」 12:2

영어 번역문이 훨씬 선명한 뜻을 포함하기 때문에 소개했습니다. 믿음을 갖게 되면 인간이 가질 수 있는 온갖 운명이나 저주로부터 빠져나올 수 있고 축복의 주인공이 될 수 있을 뿐만 아니라 본인이 축복의 통로이자 원천이 될 수 있습니다.

믿는 자의 큰 특징 가운데 하나는 일상의 평안함이 결코 그냥 주어지는 것이 아니라 하나님의 축복이라 생각하고 늘 감사한 마음을 갖고 살아가려고 노력한다는 것입니다. 우리가 찬찬히 일상을 되돌아보면 일상의 소소함 가운데 정말 많은 부분이 그냥 주어지는 것이 아니라는 사실을 알게 됩니다. 이런 사람이라면 자연스럽게 수시로 기도를 하게 됩니다. 기도는 감사함으로 시작해서 간구로 이루어지게

되지요. 기도는 늘 예수님의 이름으로 하게 됩니다. 우리의 기도를 함께 도와주는 예수님만이 우리가 가진 온갖 문제에 대한 해결책을 제시할 수 있는 유일한 분이시기 때문입니다.

그런데 믿는 자들이 가장 큰 힘을 발휘할 때는 어려움을 만났을 때입니다. 그들은 예수님은 항상 어려움 뒤에서 기대하지 않은 축복을 내려주신다는 사실을 믿습니다. 그래서 믿지 않는 자가 어려움 속에서 당황해 어찌할 줄 모를 때 믿는 자는 하나님의 인도하심이 자신을 더 선하고 나은 길로 인도하리라는 믿음을 갖기 때문에 마음의 평강을 유지할 수 있습니다. 어려울 때일수록 하나님이 누리는 마음의 평강을 자신도 누릴 수 있다는 것은 정말 놀라운 일입니다.

외로움이 문을 두드릴 때

여호와는 나의 목자시니 내게 부족함이 없으리로다.
그가 나를 푸른 풀밭에 누이시며 쉴 만한 물가로 인도하시는도다.
내 영혼을 소생시키시고 자기 이름을 위하여 의의 길로 인도하시는도다.

The LORD is my shepherd, I shall not be in want.
He makes me lie down in green pastures,
he leads me beside quiet waters, he restores my soul.
He guides me in paths of righteousness for his name's sake.

－「시편」 23:1-3

:: 젊은 날 혼자서 외국에서 유학할 때, 제가 다니던 학교는 규모가 작은 학교라서 방학 때면 학교가 텅 빈 것 같은 분위기였습니다. 한국처럼 오고 가는 사람들이 별로 없는 곳에서 느끼는 외로움은 절절하다는 표현으로 다 담을 수 없을 정도였지요. 그리고 현재 조직을 떠나 생활하면서, 젊은 날의 것에 비교할 수는 없지만 가끔씩 외로움을 느낄 때가 있습니다.

이따금 저는 누구든지 은퇴를 하고 긴 노년의 길에 들어섰을 때 느끼는 외로움은 어떤 것일까라는 생각을 해보게 됩니다. 세상 모든 것이 변하는 것처럼 인간 사이에 맺어진 모든 것도 영원과는 거리가 멉니다. 우정도 사랑도 세월과 함께 변합니다. 사랑하는 아내나 가족들도 늘 함께할 수 없는 일이지요. 그러나 언제 어디서나 변함이 없는 것이 있으니, 하나님이 늘 여러분과 함께하신다는 사실입니다.

누구에게나 사무치는 외로움이 밀려올 때가 있습니다. 친구를 찾고 술을 찾고 레저 활동을 찾더라도 잠시 수그러질 뿐 외로움은 좀처럼 사라지지 않습니다. 이때 어떤 방법으로 외로움을 쫓을 수 있을까를 생각해봅니다. 저는 다윗의 「시편」 가운데 유명한 23편을 자주 읽습니다. 그럴 때면 이런 생각을 하지요. 젊은 날부터 이렇게 하나님 말씀을 가까이할 수 있었다면 얼마나 좋았을까? 그럴 수 없었던 아쉬움 때문에 저는 더 열심히 말씀을 읽고 듣고 공부합니다.

세상과 고립된 산에서 다윗은 17세가 될 때까지 목동 생활을 했습니다. 다윗은 혼자 있는다는 것과 이로 말미암은 외로움이 어떤 것인지를 누구보다도 잘 아는 사람이었을 것입니다. 그가 노래한 시는 이렇게 계속됩니다.

> 내가 사망의 음침한 골짜기로 다닐지라도 해를 두려워하지 않는 것은 주께서 나와 함께하심이라 주의 지팡이와 막대기가 나를 안위하시나이다. 주께서 내 원수의 목전에서 내게 상을 차려주시고 기름을 내 머리에 부으셨으니 내 잔이 넘치나이다. 내 평생에 선하심과 인자하심이 반드시 나를 따르리니 내가 여호와의 집에 영원히 살리로다. - 「시편」 23:4-6

언제 어디서나 변함없이 외로움을 느끼지 않고 살아가는 유일한 방법은 여호와 하나님과 함께하는 겁니다. 외로울 때면 「시편」 23편을 읽으면서 그 의미를 깊이 새겨보시기 바랍니다. 이것이 외롭지 않게,

담대하게 살아갈 수 있는 멋진 방법입니다.

믿음을 갖게 된 이후에 여러 가지 변화가 있었습니다. 어떤 것은 가족들이 알아차릴 수 있는 것도 있고 또 어떤 것은 자신만이 알아차릴 수 있는 것이지요. 자신만이 느낄 수 있는 것 가운데 하나가 좀처럼 외로움을 느끼지 않는다는 사실입니다. 본래 저는 자립심이 강하고 조직을 떠나 10여 년 이상을 당차게 생활해왔기 때문에 외로움을 이겨내는 법에 있어서는 어느 정도 수준에 올라 있었다고 생각합니다. 그러나 그것은 인간적인 노력이나 의지로 가능한 것이었습니다.

믿음을 가진 이후에는 노력하지 않아도 외로움을 떠나보낼 수 있고, 게다가 늘 마음의 평화를 누릴 수 있게 되었습니다. 혼자서 글을 쓰는 작은 공간에서도, 강연장에서 또 다른 강연장으로 이동하는 지방의 한 기차 정거장에서도, 늦은 시간 집으로 돌아오는 길에서도 저는 늘 그분이 저와 함께하고 계심을 확인하게 됩니다.

여러분도 생각해보기 바랍니다. 언제 어디서나 늘 하나님이 여러분과 함께하신다는 믿음 말입니다. 하나님의 또 다른 모습인 성령이 늘 함께한다면 여러분들 삶이 어떻게 바뀌겠습니까? 일단은 허튼 생각이나 허튼 행동을 거의 하지 않을 것입니다. 그리고 늘 하나님이 지켜보시고 함께하시는데 어떻게 외로움이 들어설 공간이 있을 수 있겠습니까? 게다가 그분과 자주 대화를 나눌 수도 있으니, 든든함 그 이상이 여러분과 함께할 것입니다.

세상의 모든 것은 변화합니다. 친구와 조직도, 명성과 부도 늘 변화하지요. 그러나 그분만은 늘 나와 함께하시고 변함없이 나에게 사랑과 관심을 가져주신다고 생각해보세요. 얼마나 큰 힘과 위안을 누릴 수 있겠습니까? 그분이 늘 나와 함께하신다는 확신은 참 평화와 참 행복을 누릴 수 있는 정말 놀라운 일이랍니다. 그분이 늘 여러분과 함께하실 겁니다. 그분은 변함이 없으세요. 여러분이 잘나갈 때나 그렇지 않을 때나, 여러분이 힘들 때나 편안할 때나 상관없이 말입니다.

내일 일을 누가 알 수 있으리

내일 일을 자랑하지 마라.
하루 동안에 무슨 일이 일어날는지 네가 알 수 없느니라.
Do not boast about tomorrow, for you do not know what a day may bring forth.
- 「잠언」 27:1

:: 생명이란 것도 순간이지요. 한순간의 방심이나 실수로 목숨을 포함해서 모든 것을 잃어버릴 수도 있습니다. 그래서 살아가는 게 참으로 아슬아슬하다는 생각을 하게 됩니다. 이제껏 그래왔듯이 삶은 늘 지금처럼 계속될 듯 보입니다. 그러나 세월은 우리에게 문득문득 마치 촛불을 '훅' 하고 불어버리는 것처럼 이 삶이 언제라도 떠날 수 있음을 가르쳐줍니다. 오래도록 함께할 것 같은 혈육이나 지인이 갑자기 세상을 떠나게 되었을 때 우리는 지상에 쌓아놓은 모든 것들 가운데 도대체 견고한 것이 무엇이 있는가를 묻게 됩니다.

내가 힘들여 쌓은 재산이나 힘들여 오른 직위, 이런 것이 과연 견고할까요? 이제껏 자부심을 느끼며 살아왔더라도 더 이상 지나치게

으쓱거리지 않도록 해야 합니다. 하루 밤새 어떤 일들이 일어날지 모르기 때문입니다. 「시편」에서 모세는 우리에게 짧은 인생을 마음 깊이 새기고 매일매일 미혹함과 덧없음을 멀리하며 지혜롭게 살아가야 함을 이렇게 권하고 있습니다.

> 우리에게 우리 날 계수함을 가르치사 지혜로운 마음을 얻게 하소서.(Teach us to number our days aright, that we may gain a heart of wisdom.) - 「시편」 90:12

성경은 자신이 이루어낸 것이나 가진 것에 대해 지나치게 자랑하지 말 것에 대해 특별한 조언을 합니다. 보통 사람들이 늘 갖게 마련인 질투와 시새움이 자랑하는 사람을 해칠까를 걱정합니다. 분노가 잔인한 것이라 하지만 투기는 분노를 제압하고도 남음이 있다는 이야기지요. 그만큼 질투가 가진 힘이 강할 뿐만 아니라 질기다는 말입니다.

> 분은 잔인하고 노는 창수 같거니와 투기 앞에야 누가 서리요.(Anger is cruel and fury overwhelming, but who can stand before jealousy?) - 「잠언」 27:4

첫 직장생활을 시작하는 아들에게 질투에 대해 이런 이야기를 들려준 적이 있습니다. "젊음이나 좋은 교육을 받은 것 자체가 주변 사람들로부터 부러움의 대상이 될 수 있고, 한 걸음 나아가 시새움의 대상이 될 수 있다. 늘 겸손하게 처신하고 성과가 생기거든 윗사람에게 많이 돌리도록 해라."

인간 심성의 뿌리 깊은 곳에 자리를 틀고 앉아 있는 감정 가운데 하나가 비교하는 마음과 앞선 사람을 부러워하고 질투하는 마음일 것입니다. 사람에 따라 그 마음이 작기도 하고 크기도 하지만 그 자체를 없애는 일은 불가능하다고 생각합니다.

타인의 질투하는 마음을 있는 그대로 인정하는 것은 무언가를 성취한 사람이나 잘나가는 사람에게 필요한 미덕입니다. "내가 열심히 해서 이룬 것인데 왜 저렇게 못마땅해할까?"라는 불평을 털어놓아도 할 수 없는 일이며, 사람의 질투심은 올바른 것은 아니지만 제거할 수는 없기 때문입니다. 앞서가거나 성취한 사람이라면 타인의 질투와 시기심을 있는 그대로 인정하고 그것을 당연히 지불해야 할 비용 정도로 생각하면 좋을 것입니다.

이것은 개인만의 문제가 아닙니다. 빈부격차가 확대되는 시대 상황을 염두에 두면 더 많은 것을 가진 집단이나 계층도 이런 교훈을 깊이 새겨야 할 것입니다. 억울한 생각이 들 수도 있지요. 이런 불평이 튀어나올 수도 있습니다. "우리가 열심히 해서 이만큼 이루었는데, 아무 도움도 주지 않은 사람들이 왜 이제 와서 자기 몫을 주장하는가?"

그럼에도 불구하고 민주주의 사회에서는 다수의 질투와 시기심을 제어할 수 있는 방법이 완전하게 갖추어져 있지 않습니다. 그래서 앞서가거나 더 많이 가진 집단이 선제적이고 방어적인 조치를 취할 수밖에 없습니다. 자신의 업적 가운데 일부를 공유하거나 모범적으로 처신함으로써 질투와 시기심을 순화시키는 조치가 필요한 것입니다.

잘나가는 집단이 다수 사람들의 시기심을 낮추려는 노력을 하지 않는다면 그들을 공격하거나 무임승차하려는 사람들이 점점 늘어나게 될 것입니다. 그런 사람들이 많아지다 보면 문제가 커집니다. 비용은 비용대로 지불하고, 욕은 욕대로 먹고, 나중에는 결국 많은 부분을 빼앗기고 마는 일들이 일어나기도 합니다. 여기서 현명한 조율의 지혜가 필요한 것이지요.

한편 잘나가는 개인 입장에서는 타인의 시새움과 더불어 사는 방법을 찾아야 할 겁니다. 스스로 조금이라도 뛰어난 부분이 있는 사람이라면 어느 정도는 숨기고 어느 정도는 남과 나누어 갖는 것이지요. 남과 나누어 갖게 되면 시새움을 하는 사람이 축복하는 사람으로 바뀌는 경우도 많습니다.

하여간 건강이든 재산이든 명성이든 직위든 간에 "이게 모두 다 내 것이다"라고 생각하거나 "내가 잘나서 성취한 것이다"라고 생각하면 겸손한 마음이 생기기가 쉽지 않습니다. 그러나 "이 모든 것들은 하나님이 주신 것이고 나는 잠시 맡아서 사용하고 있다"고 생각하면 자신이 가진 것 때문에 교만한 마음을 갖지 않을 것입니다. 큰 재산을 모은 사람이나 큰 명성을 얻은 사람이 하나님이 자신에게 유독 큰 축복을 내려주어서 이렇게 많은 재산과 명성을 얻게 되었다고 생각해보세요. 어떤 일이 일어나겠습니까?

혼자서 잘 즐기다 가야겠다는 생각이 들어설 가능성은 거의 없습니다. 내가 가진 것을 나누는 일을 지극히 정상적인 일로 받아들일 겁니다. 또한 하나님이 자신에게 준 것처럼 언제라도 자신의 것을 거두어들일 수도 있다고 생각할 겁니다. 이렇게 생각하는 사람이라면 자신이 지금 갖고 있는 것에 지나치게 집착하거나 이를 이용해서 타인을 괴롭히는 일을 삼가할 것입니다.

『성경』은 자신을 낮추는 자를 축복하는 하나님의 약속을 여러 곳에서 전하고 있습니다. "여호와는 교만한 자의 집을 허시며"(「잠언」 15:25), "누구든지 자기를 높이는 자는 낮아지고 누구든지 자기를 낮추는 자는 높아지리라"(「마태복음」 23:12), "하나님이 교만한 자를 물리치시고 겸손한 자에게 은혜를 주신다 했느니라."(「마태복음」 4:6)

이처럼 믿음은 세상을 바라보는 시각을 크게 바꾸어버린답니다. 이는 천지개벽과 같은 변화를 뜻합니다.

게으름은 세상밖으로

좀 더 자자, 좀 더 졸자, 손을 모으고 좀 더 누워 있자 하면
네 빈궁이 강도같이 오며 네 곤핍이 군사같이 이르리라.

Yet a little sleep, a little slumber, a little folding of the hands to sleep;
So shall thy poverty come as one that travelleth,
and thy want as an armed man.

– 「잠언」6:10-11

:: 같은 조직생활을 하더라도 윗사람이 시켜야 움직이는 사람이 있는 한편, 늘 스스로 일을 찾아서 움직이는 사람이 있습니다. 꼭 이익이 되지 않더라도 작은 시간이라도 아껴서 무엇이라도 잘해보려고 노력하는 사람이 있는 반면, 매사를 시큰둥하게 대하고 대충대충 하는 사람도 있습니다. 근면함은 결심의 문제라기보다 체질의 문제이자 바라봄의 문제라고 생각합니다.

어떤 사람이 일정 기간 근면하면 어느 정도의 성취는 가능하며 가난을 벗어날 수 있습니다. 세상사에 어느 정도는 '뿌린 대로 거둔다'는 인과응보의 법칙이 적용되기 때문이지요. 하지만 큰 성취를 이루는 데는 근면함 이외에 특별한 것들이 필요합니다. 믿는 자들에게는 하나님의 큰 축복이, 믿지 않는 자에게는 운이 함께해야 하는 것이지

요. 그러니까 근면함이 가져다주는 성과는 다른 사람에게 신세를 지지 않게끔 해주고, 독립적인 생활이 가능하게 해주며, 원하는 인생에 한 걸음 다가설 수 있도록 도와주는 정도이고, 그 이상의 큰 성과는 또 다른 차원의 문제라고 생각합니다.

저는 부지런한 아버지와 어머니를 보고 자랐습니다. 그런 탓인지 부지런함을 인생의 '기본 값$_{default}$' 정도로 생각합니다. 특별한 경우에만 부지런한 것이 아니라 무엇이든 필요하다고 판단하면 배우고 익히고 실천하는 일이 거의 몸에 배어 있습니다. 이런 저의 체질이 언제까지 계속될 수 있을까요? 하늘나라로 가는 순간까지 그리고 그 이후에도 저의 부지런함은 계속 발휘될 것입니다. 부지런함이 일단 체질의 한 부분이 되고 나면, 이것이 작은 성공 경험과 자긍심을 심어주고, 그렇게 되면 하나의 부지런함이 또 다른 부지런함을 낳게 됩니다.

세월이 흐르더라도 아주 특별한 경우가 아니면 체질은 쉽게 변화되지 않습니다. 게으름에 젖어 있는 사람은 특별한 계기나 노력이 있지 않고서는 게으름이란 체질을 벗어나기 어렵습니다. 게으름도 그렇고 툴툴거림도 그렇고 벌컥벌컥 화를 내는 것도 모두 성격 면에서의 체질입니다. 목회자들은 영적인 면에서도 체질이 있다고 이야기합니다. 어머니가 지독하게 우상숭배에 열을 올리면 딸이나 아들도 그런 성향을 띨 가능성이 높다고 합니다.

체질 하면 떠오르는 사례가 있습니다. 『성경』에는 애굽(이집트)을 탈출한 이스라엘 사람들이 광야를 방황하는 대목이 나옵니다. 400년간의 노예생활에 지친 이스라엘 민족은 "제발 우리를 이 노예생활에서 벗어나게 해주옵소서"라고 하나님께 간절히 기도합니다. 이를 불쌍히 여긴 하나님은 모세를 지도자로 임명해 애굽에서 탈출해서 약속의 땅인 가나안으로 들어갈 수 있도록 인도합니다. 그런데 이때 하나님은 이들이 노예 체질을 벗어날 수 있도록 천천히 가도 한 달 정도면 갈 수 있는 가나안 땅을 40년간이나 방황하게 만듭니다.

그러나 40년간의 광야 생활에도 불구하고 이스라엘 민족은 노예 체질을 벗어나는 데 실패하고 맙니다. 그들은 끊임없이 하나님을 시험하고 화나게 만듭니다. 그 결과 모세를 따라 애굽을 탈출한 사람들 중 갈렙과 여호수아를 제외한 모든 사람들이 죽고 그 후손들만 가나안 땅을 밟게 됩니다. 「민수기」에는 노예 체질에 대한 하나님의 분노와 계획이 실려 있습니다.

> 나의 영광과 애굽과 광야에서 행한 나의 이적을 보고도 이같이 열
> 번이나 나를 시험하고 내 목소리를 청중치 아니한 그 사람들은 내
> 가 그 조상에게 맹세한 땅을 결단코 보지 못할 것이요. 나를 멸시
> 하는 사람은 하나라도 그것을 보지 못하리라. 오직 내 종 갈렙은
> 그 마음이 그들과 달라서 나를 온전히 좇았는즉 그의 갔던 땅으로
> 내가 그를 인도하여 들이리니 그 자손이 그 땅을 차지하리라.
>
> - 「민수기」 14:29-33

여기서 체질은 영적인 면에서의 체질로서, 불신앙을 말합니다. 그러나 다른 체질로도 얼마든지 확장할 수 있으니, 개인의 체질뿐만 아니라 민족의 체질도 벗어나기 쉽지 않습니다.

현대적인 사례를 하나 들면 이렇습니다. 체계가 잘 잡힌 대기업이나 공직에서 10~20년 일하다 나온 사람이 자기 사업을 벌이면 대개 어려움을 겪습니다. 자신도 모르는 사이에 월급 받는 체질에 젖어 있기 때문입니다.

월급쟁이 체질에서 완전히 벗어나지 못한 상태에서, 자신이 명령이나 지시를 내리면 아랫사람들이 척척 알아서 잘할 것이라고 생각하거나 타인을 무작정 믿고 일을 하다가 크게 당하게 되지요. 그래서 산전수전을 다 경험한 사람은 오랜 봉급생활을 접고 자기 사업을 시작하는 분들에게 체질을 바꿔야 성공할 수 있다고 누누이 강조합니다. 하지만 이런 충고에도 불구하고 체질을 바꾸는 데 성공한 사례는 많지 않습니다.

성경에는 게으름을 경계하는 문장들이 자주 등장하는데 예수님은 게으름을 무척 싫어하셨습니다. 「마태복음」에 등장하는 '달란트 비유'는 그 좋은 사례입니다. 주인이 집을 떠나면서 맡긴 금을 불리지 않고 땅에 묻어두었던 종을 예수님은 '악하고 게으른 종'이라 부르면서 심하게 나무라는 대목이 등장합니다. 또한 「잠언」에도 게으른 자를 비난하는 대목이 자주 등장하는데 이 가운데 하나가 다음과 같은 말씀입니다.

> 게으른 자는 길에 사자가 있다 거리에 사자가 있다 하느니라. 문짝이 돌쩌귀를 따라서 도는 것같이 게으른 자는 침상에서 도느니라. 게으른 자는 그 손을 그릇에 넣고도 입으로 올리기를 괴로워하느니라. 게으른 자는 사리에 맞게 대답하는 사람 일곱보다 자기

를 지혜롭게 여기느니라. -「잠언」 26:13-16

사실 부지런해야 할 이유를 찾기는 어려워도 게으름을 피울 이유를 찾는 일은 쉽습니다. 자기 합리화를 하는 데 익숙한 우리들은 목소리를 높여 게으름을 옹호하기도 하는데, 실은 그렇게 해야 마음이 편안해지기 때문입니다. 하지만 확실한 것은 게으름은 올바른 선택이 아니며 극복해야 할 본능 가운데 하나라는 사실입니다.

성경은 게으른 사람이 어떤 운명에 처하게 되는지를 정확히 지적하고 있습니다. 가난해지거나, 다른 사람의 증오 대상이 되거나, 남의 종이 되거나, 역경을 겪게 되거나, 구걸해도 외면당할 것이라고 말합니다. 『성경』은 이렇게 게으름이 가난을 낳게 될 것임을 분명히 말하고 있습니다. "손을 게으르게 놀리는 자는 가난하게 되고 손이 부지런한 자는 부하게 되느니라."(「잠언」 10:4)

또한 게으름은 남의 종노릇하는 상황을 만들어냄을 지적합니다. "부지런한 자의 손은 사람을 다스리게 되어도 게으른 자는 부림을 받느니라."(「잠언」 12:24)

오래 사는 일은 축복이지만 가난과 함께하는 장수長壽는 참으로 힘든 일입니다. 현대에 더 이상 신분상의 노예는 없으나, 평생 경제문제 때문에 허덕거리고 결국 노년에 빈곤의 나락으로 떨어지고 마는 실질적 노예의 길은 정말 피해야 할 일입니다. 물론 세상살이가 뜻한 대로 척척 풀릴 수는 없지만 우리는 젊은 날의 근면을 통해서 노년에 어려움에 처하는 상황을 최대한 피해야 할 것입니다.

어떤 분들은 "그냥 믿기만 하면 하나님이 축복을 부어주시는 것 아닌가요?"라고 물을 수 있습니다. 그렇지 않습니다. 믿음을 갖는 사람일지라도 반드시 하나님 말씀을 충실히 따를 때에야 하나님의 축복을 받을 수 있습니다. 믿지 않는 자도 삶이 바르면 하나님이 사랑하시는데, 믿음과 순종을 보인다면 하나님이 얼마나 여러분을 사랑하시고 복을 부어주시겠습니까?

> 나의 계명을 지키는 자라야 나를 사랑하는 자니 나를 사랑하는 자는 내 아버지께 사랑을 받을 것이요 나도 그를 사랑하여 그에게 나를 나타내리라. -「요한복음」14:21

　믿음과 순종을 보이는 사람에게 하나님은 '나를 나타내리라'고 말씀하십니다. 이는 믿음과 순종의 사람에게 성령 충만의 복을 주시겠다는 약속을 하고 계신 겁니다. 게으르지 말라는 『성경』 말씀을 충실히 따르고 믿는 자에게 하나님의 축복이 함께할 것입니다.

두려움은 어떻게 사라지는가

그가 친히 말씀하시기를 내가 결코 너희를 버리지 아니하고
너희를 떠나지 아니하리라 하셨느니라. 그러므로 우리가 담대히 말하되
주는 나를 돕는 이시니 내가 무서워하지 아니하겠노라
사람이 내게 어찌하리오 하노라.

God has said, "Never will I leave you; never will I forsake you."
So we say with confidence,
"The Lord is my helper; I will not be afraid. What can man do to me?"

– 「히브리서」 13:5-6

:: 두려울 때면 늘 함께할 수 있는 친구나 가족들이
있습니까? 여러분을 대신해서 두려움을 쫓아낼 수 있는 지인들이 있
습니까? 두 가지 질문 모두에 대해 확실히 "저는 그런 사람이 있습니
다." 하고 답할 수 있는 사람은 드물 것입니다. 왜냐하면 두려움은 지
극히 개인적인 문제이기 때문입니다. 사실 두려움을 느끼는 사람의
이야기를 들어줄 수 있는 친구나 가족들이 있을지라도 그것은 그저
들어주는 것에 그치고 맙니다. 두려움은 내면의 감정 문제이기 때문
입니다.

위의 『성경』 구절은 두려움에 대한 해답을 제시합니다. 믿음을 가
진 자는 주의 도우심에 의지할 수 있기 때문에 두려움이 없다는 말씀
입니다. 하나님은 결코 믿는 자를 버리지 않을 뿐만 아니라 그의 곁

을 떠나지도 않을 것임을 약속하고 계십니다. 그렇기에 믿는 자는 악의를 가진 사람들로부터 욱여싸이더라도 두려움을 느끼거나 낙담하지 않습니다.

살아가는 일은 미래를 향해 한 발자국 한 발자국을 내딛는 일이지요. 아무도 미래가 어떤 모습으로 자신에게 다가올지 알 수 없습니다. 그래서 삶 속에는 불확실함이 함께할 뿐만 아니라 두려움이 함께합니다. 사람에 따라서는 지나칠 정도로 두려움에 부대끼는 사람들도 있지요. 따라서 날이 갈수록 두려움을 상품화하는 비즈니스가 성행하고 있습니다.

얼마 전에는 번듯한 대학교의 정문 바로 앞에서 사주 간판을 달고 성업 중인 카페를 보기도 했습니다. 문득 "자신의 앞날도 점치기 어려운 사람들이 어떻게 타인의 앞날을 내다본다고 할 수 있을까?"라는 의문이 스쳐지나갔지만, 아무튼 누군가는 젊은이들의 두려움에서 시장을 발견한 것이지요.

믿는 자가 되면 거둘 수 있는 은혜 가운데 하나가 두려움으로부터의 자유입니다. 가장 위대한 선지자 이사야는 두려워하지 말 것을 더 명확하게 말합니다. 「이사야」는 하나님의 말씀을 빌려 하나님이 우리를 굳세게 만들어줄 것이고, 도움의 손길을 내밀어줄 것이며, 오른손을 붙들어주실 것임을 확실히 약속하고 있습니다.

두려워하지 마라. 내가 너희와 함께함이라 놀라지 마라. 나는 네 하나님이 됨이라. 내가 너를 굳세게 하리라. 참으로 너를 도와주리라. 참으로 나의 의로운 오른손으로 너를 붙들리라. - 「이사야」 41:10

나 여호와 너의 하나님이 네 오른손을 붙들고 네게 이르기를 두려
워하지 마라. 내가 너를 도우리라 할 것임이니라. - 「이사야」 41:13

저는 다른 사람에 비해 미래에 대한 조바심이 좀 강한 편이었습니다. 그래서 젊은 날부터 끊임없이 두려움과 힘겹게 싸움을 벌이고는 했습니다. 지나친 염려와 불안감으로 삶이 고단할 때가 잦았습니다. 이러한 성품은 개인의 구조적인 특성이기 때문에 바꾸려 노력해도 쉬운 일이 아닙니다. 그래서 이따금 두려움에 압도되고 나면 그 후유증이 제법 큰 편이었습니다.

그런데 믿음을 갖게 된 이후의 뚜렷한 변화 가운데 하나가 두려움을 거의 내려놓을 수 있게 된 점입니다. 사실상 이것은 하나님과 함께하는 자들, 즉 믿는 자들이 누릴 수 있는 특권입니다. 하나님은 모든 것을 아시고, 모든 것을 하실 수 있고, 믿는 자에게 가장 좋은 것을 베푸시고, 복 주시고, 은혜를 내려주는 분이라는 사실을 믿기 때문입니다.

예전 같으면 당연히 두려움을 느끼고도 남을 정도의 상황 속에서도 대수롭지 않게 두려움을 처리해버리는 나 자신을 바라보는 것은 여간 신기한 일이 아닙니다. 그래도 때로는 미세한 두려움을 느낄 때가 있습니다. 하지만 이때도 '나는 괜찮을 것이다'라는 정도의 믿음이 아니라 '나는 어떤 일이 있더라도 차고 나갈 것이며 확실히 승리할 것이다'라는 강력한 믿음이 함께한답니다. 가슴 저 깊숙한 곳으로부터 치고 올라오는 듯한 강력한 에너지의 흐름을 느낄 수 있습니다. 그때 저는 이렇게 혼자서 중얼거립니다. "이건 내 힘이 아니고 나와 함께하는 성령 하나님의 활동 결과다"라고 말입니다.

자신에게 천하무적의 막강한 '빽'이 있다고 생각해보세요. 말로 표현할 수 없을 정도로 엄청난 능력을 갖춘 분이 여러분과 늘 함께하신다고 생각해보세요. 언제 어디서나 두려움이 눈 녹듯 사라집니다. 그렇다고 해서 두려움 자체가 생겨나지 않는다는 이야기는 아닙니다. 생겨나더라도 묵상으로, 말씀으로 얼마든지 쫓아내버릴 수 있다는 말입니다. 「시편」에서는 하나님과 함께하는 사람들이 누릴 수 있는 특권, 즉 두려움으로부터의 자유로움을 이렇게 노래하고 있습니다.

> 내가 여호와께 간구하매 내게 응답하시고 내 모든 두려움에서 나를 건지셨도다. - 「시편」 34:4

> 이 곤고한 자가 부르짖으매 여호와께서 들으시고 그의 모든 환난에서 구원하셨도다. - 「시편」 34:6

위태위태한 시대를 살아가는 우리에게 하나님이 내리는 축복 가운데 하나는 두려움을 내려놓고 강하고 담대하게 살아갈 수 있도록 도와준다는 것입니다. 물론 자신만의 지력과 의지력으로 두려움을 극복하는 여러 가지 방법도 도움이 될 것입니다. 그러나 이들 방법은 모두 주어진 상황과 자신의 심적 상태에 따라 효과가 있을 때도 있고 그렇지 않을 때도 있을 겁니다. 하지만 하나님과 함께한다는 믿음은 두려움을 극복하는 데 있어 언제나 늘 효과가 있습니다. 아무리 극심한 두려움이 엄습하더라도 이겨낼 수 있는 힘이 됩니다. 두려움이란 문제로 고민하는 분들이라면 찬찬히 생각해보시기 바랍니다.

환난 속에서 자신을 지키는 법

그가 내게 간구하리니 내가 그에게 응답하리라.
그들이 환난당할 때 내가 그와 함께하여 그를 건지고 영화롭게 하리라.

He will call upon me, and I will answer him; I will be with him in trouble,
I will deliver him and honor him.

-「시편」91:15

:: 삶이 늘 평탄할 수만은 없습니다. 아무런 예고도 없이 불행이 슬며시 다가올 때가 있습니다. 누구도 바라지 않지만 실직, 부도, 사고, 모함, 병환 등 여러 가지 불행이 닥치게 되었을 때 우리는 너나 할 것 없이 당황하고 낙담하게 됩니다. '불행은 한꺼번에 찾아온다'는 옛말처럼 엎친 데 덮친 격으로 사람을 혼란에 빠뜨리는 심각한 불행도 있습니다. 이럴 때면 사람들은 패닉 상태에 빠지게 되지요. 의지가 굳센 사람도 연이은 불행에 좌절하고 말 때가 있습니다. 조금만 더 참고 견디면 되는데 의지력이 바닥을 드러내 그 '조금만 더'에서 실패하고 마는 겁니다.

의지력은 한정되어 있습니다. 의지력의 반대쪽에 포기력이 있는데, 의지력이 약해지면 이를 대신해서 포기력이 강해집니다. 그래서 의지력이 강할 때 중요한 일을 처리하라고 권하는 전문가도 있습니다. 의지력이 소진되고 나면 정작 중요한 일을 할 수 없기 때문입니다. 아무튼 연타를 맞는 것처럼 불행이 연달아 닥치게 되면 평소에 의지력이 굳세다고 생각하는 사람도 무릎을 꿇게 됩니다.

저는 여러분의 앞날에 이런 불행이 비켜가기를 바랍니다. 하지만 피하고 싶은 불행이 닥치게 된다면 어떻게 해야 할까요? 하나님의 속성 가운데서 빼놓을 수 없는 것이 산성의 이미지, '산성과 같이 보호하는 하나님'입니다. 험준한 협곡에 우뚝 솟아 있는 산성을 머릿속에 그려보시기 바랍니다. 어떤 외부의 침입으로부터도 주민과 병사들을 보호해줄 수 있는 굳건한 산성 말입니다. "여호와는 선하시며 환난 날에 산성이시라. 그는 자기에게 피하는 자들을 아시느니라"(「나훔」 1:7)라는 말씀이나 "나를 눈동자같이 지키시고 주의 날개 그늘 아래에 감추사"(「시편」 17:8)라는 말씀을 붙잡기 바랍니다.

믿음을 가진 자를 보호하는 하나님에 관한 이야기는 『성경』 여러 곳에서 확인할 수 있습니다. 위의 구절 즉, "그(믿는 자)가 내(하나님)게 간구하리니 내가 그에게 응답하리라"도 불행으로부터 보호를 간절히 구하는 사람에게 하나님의 도움이 있을 것임을 말하고 있습니다. 비슷한 내용을 『성경』은 다음과 같이 증언하고 있습니다.

주는 나의 은신처이오니 환난에서 나를 보호하시고 구원의 노래로 나를 두르시리다. -「시편」 32:7

그 어떤 불행이라도 "여호와는 나의 피난처이시라." 하고 굳게 믿는 사람을 굴복시킬 수는 없습니다. 하나님께서 천사에게 명령을 내려서 믿는 자가 가는 길을 지키도록 만들기 때문입니다. 「시편」 91편은 광야를 지날 때 부른 모세의 시라고 합니다. 화살과 전염병, 사자와 독사 등과 같은 위험이 도사리고 있는 광야를 지나는 사람들에게 하나님이 천사를 보내 안전하게 지켜주실 것을 약속하고 있습니다. 오늘날의 믿는 사람은 과거의 광야를 자신이 겪는 곤경과 불행으로 받아들이기도 합니다. 그래서 믿는 자는 지금도 이 말씀이 살아서 힘을 발휘하고 있다고 생각합니다.

> 그가 너를 위하여 그의 천사들을 명령하사 네 모든 길에서 너를 지키게 하심이라. 그들이 그들의 손으로 너를 붙들어 발이 돌에 부딪히지 아니하게 하리로다. - 「시편」 91:11

이 말씀을 붙잡고 믿음이 깊이 뿌리 내릴 때 우리는 불행에 굴복하지 않는 승리하는 인생을 살 수 있을 것입니다.

용서, 내 마음의 조용한 변화

아무에게도 악을 악으로 갚지 말고 모든 사람 앞에서 선한 일을 도모하라.
내 사랑하는 자들아, 너희가 친히 원수를 갚지 말고 하나님의 진노하심에 맡기라.
기록되었으되 원수 갚는 것이 내게 있으니 내가 갚으리라고 주께서 말씀하시니라.

Do not repay anyone evil for evil. Be careful to do what is right in
the eyes of everybody. Do not take revenge, my friends, but leave room for God's wrath,
for it is written: "It is mine to avenge; I will repay", says the Lord.

— 「로마서」 12:17, 19

:: 사악한 사람이 있지요. 상식으로 도저히 이해하기 어려운 사람 말입니다. 어떻게 저러고도 벌을 받지 않을까 하는 생각이 들 정도로 악행이 몸에 배어 있는 사람들이 있습니다. 그래서 간혹 인간이 동물보다 못하다는 이야기가 나오기도 합니다.

지나치게 이해관계에 민첩하게 움직이는 사람들도 있습니다. 쓰면 뱉고 달면 삼키는 성향이 유독 강한 사람들 말입니다. 믿었던 사람이 그런 경우라서 배신의 쓴맛을 보게 되면 그 배신감 때문에 속앓이를 하게 됩니다. 우리가 사람인 까닭에 신뢰라는 기반이 허물어질 때 허망함과 무상함을 느끼게 됩니다.

그래서 세상 경험이 차곡차곡 쌓이면 쌓일수록 친구든 타인이든 덜컥 믿어버리지 않습니다. 뜸을 들이게 되지요. 발생 가능한 상황을 몇 가지로 나누어서 가정해보기도 한답니다. 이 모든 것이 자신을 보호하는 나름의 처신이라 할 수 있습니다. 하지만 그렇게 조심하더라도 또다시 사람에게 속임을 당하는 것이 사람 사는 일입니다.

그렇다면 여러분을 교묘하게 속이는 사람을 만나게 되었을 때 어떻게 해야 할까요?『성경』은 용서할 것을 권합니다. 기독교 교리의 핵심은 설령 죄를 지은 사람에게조차 자신이 나서서 정죄하기보다는 용서해야 한다고 말합니다.

> 만일 네 형제가 죄를 범하거든 경고하고 회개하거든 용서하라. 만일 하루에 일곱 번이라도 네게 죄를 짓고 일곱 번 네게 돌아와 내가 회개하노라 하거든 너는 용서하라 하시더라. - 「누가복음」 17:3-4

하나님이 우리 죄를 용서했듯이 우리 역시 형제나 친구의 죄를 용서하라는 말씀입니다. 「마태복음」 18장 22절에는 일곱 번의 용서를 일흔 번까지도 하라는 말씀이 나오는데 이는 사실상 무한정 용서하라는 뜻으로 받아들일 수 있습니다. 보통사람으로서 쉽게 행할 수 없는 일이지요. 한 번의 용서도 아니고 여러 번의 용서를 하는 것이 어디 쉬운 일이겠습니까? 그러나 믿는 자가 되면 크게 느낄 수 있는 변화 가운데 하나가 사람을 온유하게 대하게 된다는 것입니다. 하나님의 영인 성령과 함께하는 사람이 되고 나면 성령이 믿는 사람에게 나누어주기를 원하는 것이 있습니다. 성령의 열매인 온유와 평강 그리고 오래 참음입니다.

원수를 무한정 용서하는 일은 쉽지 않습니다. 그러나 믿는 자가 되고 나면 원수나 악인 그리고 내 눈에 못마땅하게 행동하는 사람들을 훨씬 부드럽게 대하게 됩니다. 예전에는 형편없는 사람이라고 폄하했던 사람에게도 "죄는 나쁘지만, 저렇게 나쁜 일을 저지르게 된 데는 말 못할 무슨 사정이 있겠지"라고 용서하는 마음을 갖게 됩니다. 이런 마음은 노력해서 생겨나는 것이라기보다 자신도 모르게 일어나는 조용한 변화입니다.

여러분 주변에 믿음이 좋은 사람을 보시기 바랍니다. 일단은 얼굴에 평화가 깃들어 있을 것입니다. 그분들은 일부러 그런 노력을 하는 것이 아닙니다. 믿음이 그분을 자연스럽게 온유, 평강 그리고 오래 참음으로 이끌어간 것입니다. 여기서 왜 그런 일이 일어나는가에 대해 잠시 생각해봐야 합니다.

우리는 우리의 죄를 대신한 예수님의 죽음과 부활 그리고 승천을 받아들이는 순간 구원을 받게 됩니다. 그리고 구원의 바로 그 순간에 영원히 우리 안에 내주內住하는 성령 하나님이 우리 안에 들어오시게 됩니다. 믿음을 갖는 일은 가볍게 생각할 수도 있지만, 실은 엄청난 일입니다. 하나님의 영이 들어와서 영원히 자신의 몸에 거주하는 것이기 때문입니다. 「로마서」는 믿음을 가진 사람이 또 다른 차원의 믿음으로 이끌림을 받는 삶을 살아가게 된다고 명쾌하게 증언하고 있습니다.

복음에는 하나님의 의가 믿음에서 믿음까지 계시되어 있나니 이 것은 기록된바, 의인은 믿음으로 살리라, 함과 같으니라.(For in the gospel a righteousness from God is revealed, a righteousness that is by faith from first to last, just as it is written: "The righteous will live by faith.") – 「로마서」 1:17

우리 죄를 사하러 이 땅에 오신 예수님의 죽음과 부활 승천을 믿는 순간 우리는 '믿음에서'를 갖게 됩니다. 그런데 이 믿음은 여기서 멈추고 마는 것이 아닙니다. 이 믿음에다 예수님이 우리 삶을 통제하시고 이끌어간다는 믿음을 더하게 됩니다. 다시 말하면 '구원을 가져다주는 믿음'에 '믿음으로 사는 믿음'이 더해지는 것이지요. 앞의 것은 '구원의 믿음'이고 뒤의 것은 '구원받은 자로 살아가는 믿음'입니다. 혹은 앞의 것은 '우리의 믿음(작은 믿음)'이고 뒤의 것은 '예수 그리스도의 믿음(큰 믿음)'입니다.

'예수 그리스도의 믿음'이 만들어내는 것이 바로 성령의 열매입니다. 원수나 악인에게도 사랑, 화평, 온유, 오래 참음 등을 보일 수 있게 되는 것입니다. '예수 그리스도의 믿음'은 '우리의 믿음'에 비해 크고 깊은 믿음입니다. 원수를 용서할 수 있고 진정 온유해질 수 있는 것은 크고 깊은 예수 그리스도의 믿음으로만 가능하답니다. 어지간히 극악한 원수가 아닌 경우, 성령의 인도를 받는 분들이라면 모두를 용서할 수 있을 것입니다.

그런데 만약 용서하기가 쉽지 않다면 우리가 선택할 수 있는 차선의 방법은 무엇일까요? 그것은 정죄나 원수 갚는 일 그 모든 것을 하나님께 대신해달라고 맡기는 것입니다. 『성경』은 원수 갚는 일의 모든 것을 하나님께 맡기라고 권하고 있습니다. 그러니 여러분은 분노를 일으키는 사람이든 배신한 사람이든 간에 여러분의 심기를 불편하게 하거나 손해를 끼친 사람들을 직접 정죄하지 않기 바랍니다. '저 양반이 도저히 나에게 이렇게 행동할 수 없는데'라는 생각 때문에 화가 머리끝까지 치밀어 오르거나 잠을 잘 수 없을 정도로 힘이 들더라도 그것은 하나님이 알아서 처리할 일이라고 믿고 맡기시기 바랍니다. 『성경』에서 하나님은 원수를 벌주시리란 것을 선지자 나단을 통해 다윗에게 말씀하십니다.

> 네가 가는 모든 곳에서 내가 너와 함께 있어 네 모든 원수를 네 앞에서 멸했은즉, 땅에서 위대한 자들의 이름같이 네 이름을 위대하게 만들어주리라. - 「사무엘하」 7:9

원수 때문에 딱한 사정에 처하게 되면, 악행을 저지르는 것은 사악한 사람의 몫이지만 이를 처리하는 것은 하나님의 몫이라고 생각하시기 바랍니다. 사울 왕에게 쫓겨 절체절명의 위기에 처한 다윗은 "주께서 내 원수에게 악으로 갚으시리니 주의 성실함으로 저희를 멸하소서"(「시편」 54:5)라는 노래로 자신의 강한 믿음을 표시하고 있습니다. 그리고 하나님 대신에 권력의 힘에 기대는 일이나 주변 사람들 도움에 의지하는 일을 경계합니다.

"귀인(권력자)들을 의지하지 말며 도울 힘이 없는 인생도 의지하지 말지니"(「시편」 146:3)처럼 『성경』은 권력이나 지인들에게 의지하는 것이 소용없다고 말합니다. 그러니 하나님께 구하시기 바랍니다. 그래야만 진정으로 편안한 마음을 가질 수 있을 것이며, 원수와 관련해서 심적인 고통을 내려놓을 수 있을 것입니다. 세상의 힘을 빌려 스스로 정죄하려고 나서면 나설수록 점점 더 수렁에 빠질 수도 있습니다. 상대에게 타격을 주기 이전에 자신의 몸과 마음이 크게 상할 수도 있는 것입니다. 그러니 오로지 그분에게 맡기고 편안해지시기 바랍니다.

친구조차 등을 돌릴 때면

내가 신뢰하여 내 떡을 나눠 먹던 나의 가까운 친구도
나를 대적하여 그의 발꿈치를 들었나이다.

Even my close friend, whom I trusted, he who shared my bread,
has lifted up his heel against me.

– 「시편」 41:9

:: 친한 지인이나 친구에게 배신당할 때가 있습니다. 그때의 그 복잡한 심경을 헤아리기 어렵지요. 오랫동안 유지해온 좋은 관계가 끊어지는 것에 대한 아쉬움도 있지만, 인간에 대한 실망감이 한동안 마음 한 겹을 차지하고 괴로움을 줍니다.

친밀한 부부 관계도 돌아서면 남보다 못한 관계가 되어버리는 예도 있습니다. 친한 사이일수록 기대가 큰 만큼 그 관계가 악화되었을 때 실망감도 커지게 되지요. 사람들은 이렇듯 힘든 상황에 도달하면 얼른 잊어버리길 원합니다. 그런데 잊으려고 노력하면 할수록 상처가 덧나듯 자꾸 환부가 깊어지게 됩니다. 마음의 상처는 대개가 비슷합니다. 노력하면 할수록 점점 더 심해지게 되지요.

세상 만물이 변해가는 것처럼 사람의 마음도, 그 관계도 변합니다.

한때 좋았던 관계에도 미움이 싹틀 수 있고 믿었던 관계에도 배신이 찾아올 수 있습니다. 사람들이라면 누구나 자신만의 좋은 관계가 오래 유지되길 소망하지만, 솔직히 내 마음도 자주 왔다 갔다 하기를 반복하는데 상대방 마음이 처음과 같이 유지되기를 어떻게 바라겠습니까?

어떤 면에서 보면 만나고 헤어지는 것이 자연스러운 인간사이듯 좋았던 관계가 또 다른 관계로 변할 수 있는 것이 인간의 일이기도 합니다. 세월이 한 해 두 해 가면서 저의 경우에는 지식이 대신해줄 수 없는 지혜의 영역이 넓고 깊어짐을 느낍니다. 모든 것은 흘러가고 모든 것은 변화한다는 것을 마음으로 이해하는 것이지요. 현실에서 그토록 애착을 갖고 쌓았던 많은 것들이 열심히 추구해야 할 일이기는 하지만 집착할 만한 것은 아니라는 이야기입니다. 그 무상의 진리를 가슴으로 느끼게 되는 것이야말로 세월이 주는 선물이라 생각합니다.

세월과 함께 모든 것은 흐르고 변한다는 사실을 『성경』은 이렇게 그리고 있습니다. "모든 육체는 풀과 같고 그 모든 영광은 풀의 꽃과 같으니 풀은 마르고 꽃은 떨어지되 오직 주의 말씀은 세세토록 있도다."(「베드로전서」1:24-25)

우리가 애정을 갖고 만들어내는 대부분의 것들이 세월과 함께 스러지는 특성이 있음을 잊지 말아야 합니다. 좋았던 사람, 믿었던 사람, 존경했던 사람들이 변화하는 것도 어찌할 수 없는 일이라 생각합니다. 너무 섭섭해 하거나 분하게 생각할 필요가 없습니다.

「시편」41장은 다윗이 병상에 누워 있을 때 원수들이 찾아와서 악담을 퍼붓는데 급기야는 그의 식탁 친구인 아히도벨까지 와서 그를 배신하고 떠나는 일을 "내가 신뢰하여 내 떡을 나눠 먹던 나의 가까운 친구도 나를 대적하여 그의 발꿈치를 들었나이다"라고 묘사하고 있습니다. 왕과 식탁에서 떡을 나눌 정도면 왕이 대단히 신임하던 사람이었음을 알 수 있습니다. 아히도벨은 다윗의 모사 가운데서 가장 신실하고 지혜로운 인물이었습니다. 그러나 다윗의 아들인 압살롬이 아버지에게 맞서 모반을 일으켰을 때 아히도벨은 다윗을 배반하고 압살롬 편에 서게 됩니다. 훗날 압살롬의 모반이 실패하자 아히도벨은 고향으로 돌아가서 목을 매어 자살하고 맙니다.

『신약』에서도 가룟 유다가 예수님을 배반하는 일을 두고 이런 표현이 나옵니다. "내 떡을 먹는 자가 내게 발꿈치를 들었다 한 성경을 응하게 하려는 것이니라."(「요한복음」 13:18)

여기서 발꿈치는 발의 뒤쪽 전체를 말합니다. 그 뜻은 말과 같은 짐승이 상대방을 공격하기 위해 뒷발질을 하는 모습을 말합니다. 셈족의 관습으로 보면 친구들의 잔인한 배반이나 배신을 뜻합니다.

믿었던 사람에게 배신당하는 어려운 상황에 도달했을 때 우리는 어떻게 해야 하는 것일까요? 『성경』은 처방을 제시하고 있습니다. 위축되거나 주눅 들지 말고 하나님께 맡기고 그의 보호를 구하라는 것이지요. 다윗은 아들 압살롬의 모반으로 곤경에 처했을 때 여호와 하나님께 자신을 긍휼히 여기시고 자신을 환란 가운데서 건져달라고 간절히 기도합니다.

그러하오나 주 여호와여, 내게 은혜를 베푸시고 나를 일으키사 내가 그들에게 보복하게 하소서. 이로써 내 원수가 나를 이기지 못하오니 주께서 나를 기뻐하시는 줄을 내가 알았나이다. 주께서 나를 온전한 중에 붙드시고 영원히 주 앞에 세우시나이다.

－「시편」41:10-12

여기서 '나를 온전한 중에 붙드시고In my integrity you uphold me'라는 표현에 주목하시기 바랍니다. 이 표현에 깊은 의미가 들어 있기 때문입니다. 여기서 '온전함(완전함, integrity)'은 구원으로 그리스도인이 된 자가 구원에만 머물러 있는 것이 아니라 충만해진 성령으로 실제로 거룩해지는 과정을 말합니다. 즉 구원 단계의 그리스도인은 불완전한 그리스도인이고, 성령 충만 단계의 그리스도인이야말로 완전한 그리스도인이라고 표현할 수 있습니다.

온전함에는 "믿음을 통해 의를 얻는다"는 칭의稱義(의롭다 하심, justi-fication)와 "성령 충만으로 성령의 열매를 맺는다"는 성화聖化(거룩해짐, sanctification)가 모두 포함됩니다. 칭의는 법적 의이며 성화는 실제적 의를 말합니다. 칭의와 성화는 모두 하나님의 은혜를 뜻합니다.

다윗 친구의 배신이나 가룟 유다의 배신은 눈에 보이는 행위로만 보면 비난받아야 할 행위이기도 하고 분노해야 할 일이기도 하지만, 이런 행동의 이면에 숨겨진 눈에 보이지 않는 원인에 초점을 맞추어 보기 바랍니다. 그들 역시 사탄(어둠의 세상 주관자들과 하늘에 있는 악의 영들)의 조종을 받고 있다고 볼 수 있습니다. 배신도 영적 전쟁의 하나로 이해할 수 있습니다. 그렇다면 배신자도 딱한 존재로 받아들일 수 있습니다. 사탄의 조종을 받는 그런 존재로 말입니다. 배신이나 배반을 악의 조종으로 바라보게 되면 섭섭함이나 분노를 줄이고 그들에 대해서조차 긍휼한 마음을 가질 수 있습니다.

믿는 자의 성품은 나날이 하나님의 성품을 닮아갑니다. 자신을 실망시키는 상대방을 긍휼히 여기고 한 걸음 나아가 이해하고 사랑할 수 있는 존재로 받아들이는 것입니다.

언제나 너를 지킬 것이다

내가 산을 향하여 눈을 들리라 나의 도움이 어디서 올까. 나의 도움은 천지를
지으신 여호와에게서로다. 여호와께서 너를 실족하지 아니하게 하시며
너를 지키시는 이가 졸지 아니하시리로다.

I lift up my eyes to the hills - where does my help come from?
My help comes from the LORD, the Maker of heaven and earth.
He will not let your foot slip - he who watches over you will not slumber.

– 「시편」121:1-3

:: 큰 위기가 닥쳤을 때 누가 우리를 도와줄 수 있을
까요? 「시편」 121편은 언제 어디서나 우리를 보호하는 하나님에 대
한 말씀을 소개하고 있습니다. 어느 누구도 위기를 원하지 않습니다
만 우리 인생이 늘 탄탄대로를 달리듯 펼쳐질 수만은 없는 일입니다.
주변에는 큰 굴곡 없이 평탄하게 살아가는 분들도 있습니다. 그들의
고민은 오늘은 무엇을 먹을까, 무엇을 마실까, 무엇을 입을까 정도인
것처럼 보입니다. 그런데 순풍에 돛 달듯이 인생이 마냥 흘러갈 것처
럼 보이는 분이라도 큰 위기를 맞는 경우를 본 적이 있습니다.

제가 아는 한 부부 이야기를 하겠습니다. 바깥 분은 관련 분야에서
오랜 세월 크게 명성을 떨치다 매우 높은 직위에 막 오르기 전에 큰
병을 얻고 말았습니다. 부인은 유능하고 자상한 남편 덕분에 세상사

의 풍파에 노출된 적이 없었습니다. 모든 것을 남편이 척척 알아서 해 주었기 때문입니다. 그런데 어느 날 갑자기 닥친 병 때문에 남편 분은 석 달 정도 투병하다 세상을 떠나게 되었지요. 남겨진 세 딸과 그 부인은 연로한 시아버지와 시어머니까지 모셔야 하는 딱한 상황에 놓이고 말았습니다.

"내일 일을 너희가 알지 못하는도다. 너희 생명이 무엇이뇨. 너희는 잠깐 보이다가 없어지는 안개니라."(「야고보서」 4:14)

이 말씀처럼 한 치 앞을 내다볼 수 없는 것이 우리 삶입니다.

위기가 닥쳤을 때 가까운 거리에 있던 사람들의 손길은 상황에 따라 달라집니다. 더러는 계산을 해보고 남는 일이 아니면 도움의 손길을 거두어들일 때도 있지요. 대다수 사람에게 친소관계는 이익에 비례하기 때문입니다. 사실상 여러분이 어떤 어려움에 처해 있든지 간에 여러분에게 도움의 손길과 보호의 손길을 내밀 수 있는 분은 딱 한 분밖에 없습니다. 그분은 바로 여호와 하나님입니다. 『성경』은 우리들에게 말합니다. 그분이 여러분을 어떻게 도울 수 있는가에 대해서 말입니다.

> 여호와는 너를 지키시는 이시라. 여호와께서 네 오른쪽에서 네 그늘이 되시나니 낮의 해가 너를 상하게 하지 아니하며 밤의 달도 너를 해치지 아니하리로다.
> 여호와께서 너를 지켜 모든 환난을 면하게 하시며 또 네 영혼을 지키시리로다. 여호와께서 너의 출입을 지금부터 영원까지 지키시리로다. - 「시편」 121:5-8

믿는 사람은 『성경』 속의 약속된 말씀을 붙잡는 법입니다. 믿음의 기도와 간구의 기도가 여러분에게 큰 힘을 더해줄 것입니다. 믿는 자라면 누구에게나 하나님이 든든한 산성이나 방패이자 보호자가 되어주실 것을 『성경』은 확실히 약속하고 있습니다. 그러니 여러분도 위기 속에서 낙담하거나 포기하지 마시고 하나님께 의지하기 바랍니다.

그렇게 해야 할 특별한 이유라도 있는 것일까요? 그럼요. 이유가 있고말고요. 인간의 눈으로 보면 현재의 위기는 낙담할 만한 것일 수 있습니다. 그러나 하나님의 눈으로 보면 현재의 위기는 더 큰 영광을 위한 준비일 수도 있습니다. 사도 바울은 이렇게 말합니다. "현재의 고난은 장차 우리에게 나타날 영광과 비교할 수 없도다."(『로마서』 8:18)

이제껏 살아오면서 여러분을 전전긍긍하게 만들었던 굵직굵직한 일들을 생각해보시기 바랍니다. 그 일들이 여러분에게 어떤 영향을 미쳤습니까? 초조, 걱정, 불안감에 떨도록 만들었던 이들이 지금의 여러분에게 어떤 영향을 미쳤습니까? 저의 경우에는 어느 하나도 쓸모없는 경험은 없었습니다. 위기를 극복하는 과정에서 겪었던 경험은 그 자체로도 의미가 있었지만 훗날 두고두고 더 나은 삶을 만들어내는 데 자양분이 되었습니다. 여러분의 경우도 저와 크게 다를 바 없을 것입니다.

달란트를 땅에 묻지 말아야 하는 이유

"두려워하여 나가서 당신의 달란트를 땅에 감추어두었나이다. 보소서 당신의 것을
가지셨나이다." 그 주인이 대답하여 이르되 "악하고 게으른 종아
나는 심지 않은 데서 거두고 헤치지 않은 데서 모으는 줄로 네가 알았느냐." (…)
"그에게서 그 한 달란트를 빼앗아 열 달란트 가진 자에게 주라."

"So I was afraid and went out and hid your talent in the ground. See,
here is what belongs to you." His master replied, "You wicked, lazy servant! So you knew
that I harvest where I have not sown and gather where I have not scattered seed?" (…)
"Take the talent from him and give it to the one who has the ten talents."

- 「마태복음」 25:25-26, 28

::소극적으로 사는 것은 『성경』에서 죄악에 해당합니다. 하나님 눈에 보시기에 자신이 가진 재능을 한껏 발휘하지 않는 행위는 죄악이라는 말씀입니다. 『성경』에서 이를 잘 표현한 것은 「마태복음」 25장에 있는 '달란트의 비유'입니다. 잘 알려진 비유이지만 깊은 뜻을 한 번 더 새길 만큼 가치가 있습니다.

주인이 다른 나라로 갈 때 종 세 명을 불러서 각각 그 재능에 따라 금을 배분합니다. 한 명에게는 금 다섯 달란트를, 다른 한 명에게는 두 달란트를, 마지막 사람에게는 한 달란트를 주고 떠났습니다. 다섯 달란트를 받은 사람과 두 달란트를 받은 사람은 모두 두 배의 이익을 남겼습니다. 그런데 유독 한 달란트를 받은 사람은 땅을 파서 주인이 맡긴 돈을 감추어두었습니다. 오늘날로 이야기하면 안정적이고 편안

한 방법을 선택한 것이지요.

오랜 시간이 흐른 다음 주인이 돌아왔을 때 돈을 불린 종은 칭찬을 받았지만 돈을 땅에 숨겨두었던 종은 심한 질책을 받습니다. 그러면 한 달란트를 받은 종은 왜 그렇게 행동했을까요? 그도 나름의 궁리가 있었습니다.

"당신(주인님)은 굳은 사람이라 심지 않은 데서 거두고 헤치지 않은 데서 모은 줄을 알았으므로"(「마태복음」 25:24), 그 판단에 따라 한 달란트를 땅에 안전하게 묻어둔 것입니다. 여기서 '굳은'의 원어(스클레로스)는 '엄한, 완고한, 까다로운'이라는 뜻입니다.

한 달란트를 받은 종은 주인이 까다로운 사람이라 지레 짐작해서 한 달란트의 돈을 불리는 과정에서 혹시 손해라도 나면 질책을 받을까 두려워했습니다. 또한 그는 주인의 성격을 핑계 삼아서 돈을 불리는 수고를 감당하기 싫었습니다. 그래서 그는 그냥 땅에 금화를 묻어두고 기다리는 가장 안전한 방법을 선택한 것입니다. 하지만 주인에게 돌아온 평가는 '악하고 게으른 종'이라는 질책과 비판이었습니다.

여러분은 지금 어떻게 살아가고 계신가요? 대충대충, 설렁설렁 살아가는 분이라면 한 달란트를 받았던 종과 크게 다를 바 없는 삶을 살아가는 겁니다. 그런 분이라면 예수님 앞에서 단단히 혼이 날 각오를 해야 할 겁니다.

오늘날 우리 사회도 '안전이 최고다'라는 분위기가 점점 더 강해집니다. 이렇게 노년이 길어지는 시대에 20대부터 '안전 또 안전'을 외치면 중년 이후의 삶이 팍팍해질 가능성은 매우 높습니다. 위험을 감수하고 부지런히 움직일 수 있는 시절도 인생에서 그렇게 길지 않습니다. 그 때를 놓쳐선 안 되지요. 그러나 오늘날은 '즐기자'는 분위기가 참으로 강한 것 같습니다. 시간에 맞추어 정해진 만큼만 일하고 나머지 시간은 즐기자고 생각하는 분들도 많습니다.

길고 긴 인생에서 그런 선택들이 드리우게 될 그림자를 생각하면, 그런 방식의 삶이 과연 바람직한가라는 생각을 하지 않을 수 없습니다. 50대 중반까지 조직생활을 하면서 번 것을 갖고 90세 정도 혹은 그보다 더 긴 세월을 살아야 한다고 생각해보세요. 정말 계산이 나오지 않습니다. 우리가 오늘의 쉽고 편안한 삶에만 만족할 수 없는 실질적인 이유가 분명히 있습니다.

"어른이 된다는 것은 책임을 지는 것이다"라는 말이 있지요. 여기서 책임은 영어로 'responsibility'입니다. 여기서 'response'는 반응한다는 의미를 갖고 있고 'ability'는 능력이란 의미를 갖고 있습니다. 두 단어를 합치면 주어진 과제나 도전에 반응하는 능력이 곧바로 책임이란 것이지요. 재능에 한껏 반응해야 함을 말합니다.

자신이 받은 달란트(재능)를 다르게 해석하면 하나님에게 받은 은사라 할 수 있습니다. 사람들이 저마다 받은 은사가 다르지요. 어떤 사람은 사업하는 은사, 어떤 사람은 말하는 은사, 어떤 사람은 글 쓰는 은사, 또 어떤 사람은 믿음의 은사 등과 같이 말입니다. 게으른 청지기가 아니라 선한 청지기가 되는 것은 자신의 재능을 한껏 발휘하는 사람이 되는 겁니다. 나태함처럼 소극적인 것이 죄악이 될 수 있음에 대해 『성경』은 이렇게 강조하고 있습니다. "그러므로 선을 행할 줄 알고도 행하지 아니하면 죄니라."(「야고보서」 4:17)

저는 『성경』을 공부하면서 개신교를 국가 종교로 선택한 나라들이 대부분 잘살게 된 원인의 상당 부분을 찾을 수 있었습니다. 『성경』 속에서의 근로 윤리는 치열하게 직업 세계에 뛰어든 사람들에게 반석과 같은 기준을 제시합니다. 당신의 재능을 최고로 발휘하라! 달란트를 최고로 발휘하지 않는 것은 죄악임을 명심하라! 이것이 달란트 비유가 전하는 강력한 메시지입니다.

자신이 무엇을 갖고 있는지를 일찍부터 알아차리고 그것을 개발해내는 일은 한 개인이 할 수 있는 정말 중요한 프로젝트라 생각합니다. 이것을 재능발견 프로젝트라고 이름 붙여도 좋습니다. 아무튼 발견한 재능을 바탕으로 힘껏 노력해서 그것을 최고 수준까지 끌어올려야 한다는 메시지를 달란트의 비유에서 얻을 수 있습니다.

생각해보십시오. 여러분과 저는 이 시대 이 땅에 태어나서 딱 한 번 살다가 가버립니다. 그렇기에 재능을 한껏 발휘하는 일은 우리에게 주어진 숭고한 의무이자 책임이라 할 수 있습니다. 이때 우리가 무엇이 되고 안 되는 것, 얼마를 벌고 벌지 않고는 결정적인 문제가 아닙니다. 우리에게 주어진 결정적인 문제는 자신이 서 있어야 할 자리를 찾아서 그곳에서 자신의 달란트를 최고로 발휘하기 위해 노력하는 겁니다.

사명mission의 어원은 라틴어 'missio'로서 '보내지다'는 의미를 갖고 있습니다. 내가 이 땅에서 하도록 되어 있는 것, 내가 하기 위해 보내진 것을 찾아서 그것을 아주 잘하기 위해 노력하는 것이 우리들의 나날이 되어야 합니다. 하나님이 여러분에게 어떤 재능을 주었는지를 꼭 찾아내시기 바랍니다. 현역에서 뛸 때도 이것이 중요하지만 현역에서 물러나 인생 이모작을 할 때도 이것이 참으로 중요합니다. 예수님에 대한 첫 번째 책을 쓰면서 문득 이런 생각을 해보았습니다.

　제가 지금껏 100여 권이 넘는 책을 쓰게 된 것, 다양한 주제의 책을 쓰게 된 것, 오십 줄에 들어 인문학 공부를 시작하고 책을 쓰기 시작한 것, 젊은 날 자유시장경제 원리를 전파하기 위해 연구소를 만들고 왕성하게 활동한 것, 내가 옳다고 생각하는 이념을 타인에게 설득하는 일을 좋아하고 잘해온 것, 이 모든 활동들이 지금 하고 있는 일을 더 잘하기 위한 연단의 시간이자 준비의 시간이지 않았을까? 하는 생각 말입니다.

근심을 털고 일어서라

너희는 마음에 근심하지 마라. 하나님을 믿으니 또 나를 믿어라.
내 아버지 집에 거할 곳이 많도다. 그렇지 않으면 너희에게 일렀으리라.
내가 너희를 위하여 거처를 예비하러 가노니. 가서 너희를 위하여
거처를 예비하면 내가 다시 와서 너희를 내게로 영접하여
나 있는 곳에 너희도 있게 하리라.

Do not let your hearts be troubled. Trust in God; trust also in me.
In my Father's house are many rooms; if it were not so, I would have told you.
I am going there to prepare a place for you.

– 「요한복음」 14:1-3

:: 내가 이 일을 제대로 해낼 수 있을까? 조금이라
도 새로운 일을 시작할 때면 우리는 어김없이 이런 질문과 만나게 됩
니다. 수주, 취직, 설득, 발표, 인터뷰 등 어느 것 하나 이런 질문으로
부터 자유로울 수가 없습니다. 이럴 때 슬며시 가슴 한 곁을 채우고
들어오는 것이 근심과 걱정입니다. 강하고 담대하게 어려운 문제를
차고 나가야 한다는 사실을 누구보다도 잘 알고 있을지라도 새로운
일을 시도할 때면 근심과 걱정을 완전히 제거할 수는 없습니다.

위의 구절은 예수님이 십자가에 못 박혀 돌아가신다는 말에 근심
하는 제자들을 보고 예수님이 근심하지 말라고 위로하시는 내용입니
다. 예수님은 또 제자들에게 이렇게 말씀하셨습니다. "너희를 위한 거
처를 마련하기 위해 떠나며 훗날 너희와 함께하리라."

성경은 근심에 대한 명확한 해법을 제시합니다. 그것은 하나님을 믿는 그 믿음으로 예수님을 믿는 것입니다. 어떻게 예수님을 믿는 것이 해법이 될 수 있을까요? 누구나 이런 의문을 가질 수 있습니다. 그 의문에 대해 조금 더 자세히 살펴보면 이해가 될 것입니다. 의심 많은 제자인 도마는 예수님께 묻습니다. "주여, 어디로 가시는지 우리가 알지 못하거늘 그 길을 어찌 알겠습니까?" 그러자 예수님은 이렇게 답하십니다.

> 예수께서 이르시되 내가 곧 길이요 진리요 생명이니 나로 말미암지 않고는 아버지께로 올 자가 없느니라. 너희가 나를 알았더라면 내 아버지도 알았으리로다. 이제부터는 너희가 그를 알았고 또 보았느니라. - 「요한복음」 14:6-7

예수님은 그리스도만이 인간이 하나님을 만나는 유일한 길이라고 말씀하십니다. 이 말씀은 그리스도의 세 가지(참 선지자, 참 왕, 참 제사장) 직분 가운데 하나인 '참 선지자'를 말합니다. 그리스도는 하나님 만나는 길이 되시는 참 선지자, 사탄의 권세를 꺾으신 참 왕, 그리고 죄 문제를 해결하신 참 제사장이라는 세 가지 직분을 갖고 있기 때문에 인간이 가진 근본문제를 완전히 해결하신 분입니다. 그래서 우리는 그리스도를 인생사 모든 문제의 해결자라고 부릅니다. 위 구절은 그 사실을 확인할 수 있는 대목입니다.

죄인인 인간은 예수님을 통해서 하나님을 알 수 있고, 죄 사함을 받을 수 있으며, 영원히 사는 영생을 얻을 수 있습니다. 오직 예수 그리스도만이 죄인들을 하나님 아버지께로 곧 천국으로 갈 수 있도록 해 주십니다. 여기서 '오직'이란 단어 때문에 그리스도교는 배타적이라는 혹평을 받기도 합니다. 이럴 때 타협을 하면 좋기는 한데 사실상 '오직' 이외에 다른 형용사를 사용하기는 힘들다고 봅니다.

다른 길은 없을까요? 유교나 불교는 자신을 찾기 위해 외부의 신이나 다른 권위를 빌릴 필요가 없다고 말합니다. 신을 믿지 말고 자기 자신을 믿으라는 것이지요. 유교 인문학의 기초로 불리는 율곡의『격몽요결』맨 처음에 나오는 말은 "너는 이미 모든 것을 갖고 있다"는 것입니다. 동양고전 전문가인 한형조 교수는 다음과 같이 이야기합니다.

"유교에서 성인은 기독교의 성인과 다르게 자기 자신과 자연성을 최고조로 발휘한 사람을 말합니다. 완전히 자기 자신이 된 사람, 자신의 가능성을 최고조로 끌어올린 성숙한 인간입니다. 이는 종교가 아니라 '인문학' 훈련을 통해서 성취할 수 있습니다."

저는 자기계발에 대해 깊은 관심을 가진 사람이며, 관련 저서도 제법 쓴 사람입니다. 이론뿐만 아니라 내 삶을 통해서 끊임없이 자기계발을 열정적으로 해온 사람이기도 합니다. 그런데 인간이 스스로의 노력만으로 완전한 인간에 다가갈 수 있는가 하는 문제에 대해서는 나이가 들수록 점점 회의가 들기 시작했습니다. 그리고 그 답을 찾기 위해서 서양고전을 공부하다가『성경』속의 하나님을 만나게 된 것입니다.

저는 스스로의 노력, 그 지극한 갈고 닦음이 완전한 인간으로 가는 길에 약간의 도움은 되겠지만 완전함의 성취는 '불가'하다는 잠정적인 답을 얻은 상태입니다. 인간이 완전함을 향해 나아갈 때 노력만으로는 불가능한 배경에는 구조적인 문제가 있다고 봅니다. 바로 우리 내면에 뿌리 깊이 자리 잡은 죄성 때문입니다.

내가 범한 죄만이 아니라 타고난 원죄와 조상이 지은 죄들까지 첩첩이 쌓여 있는 존재가 인간이라고 봅니다. 그래서 인간적인 노력만으로 '완전함'을 얻는 것은 불가능하다고 봅니다. 그래서 저는 믿음을 갖게 되었습니다. 그냥 유행 따라 예수쟁이가 된 것이 아닙니다. 고승에 비할 바는 아니겠지만, 젊은 날부터 나 자신을 갈고 닦는 치열한 노력 끝에 내린 잠정 결론이 '내 힘만으로는 안 된다'는 것입니다.

얼마 전에 소설가 이청(68세) 선생님이 인터뷰를 하셨습니다. 오랫동안 산사의 고승들을 많이 만나고 관찰해온 분일 뿐만 아니라 '불교작가'라는 수식어가 늘 붙어 다니는 분입니다. 본인 스스로 젊은 날에 출가한 이력을 가진 분이기도 하지요. 기자가 "성철스님을 진짜 '부처'라고 생각했습니까?"라는 질문을 던졌습니다. 그러자 이청 선생은 흥미로운 이야기를 들려줍니다.

"부처인지 아닌지는 중요하지 않고. 성철스님은 말년에 3년간 투병생활을 했다. 부산을 오가며 치료를 받았다. 당시 부산동명목재 강석진 회장이 집을 지어주고 의사를 붙여줬다. 그런데 이를 본 신도들 중에서 '병치레하는 이분은 우리와 무엇이 다른가!' 하며 실망하는 사람도 있었다. 나는 그에게 '이슬을 먹으며 사는 것은 인간이 아닌 신의 경지고, 영혼이 자유로우면 도인으로 볼 수가 있지 않으냐'고 말했다."(최보식, '생각을 버리기 위해 7번 국도를 걷다-작가 이청', 『조선일보』, 2013. 9. 16)

인터뷰를 읽으면서 저는 우리가 존경하는 성직자나 종교인은 누구인가라는 질문을 저 자신에게 던져보았습니다. 제 생각은 마더 테레사든 성철스님이든 달라이 라마든 아무리 훌륭한 분일지라도 인간이라는 한계를 벗어날 수는 없다는 것입니다. 모두 훌륭한 분임은 틀림없지만 인간이 가진 근본적인 문제로부터 자유로울 수 없다는 말입니다. 시중의 보통 사람들과 약간의 차이는 있을지라도 지나친 존경심까지 표할 필요가 있을까 싶습니다. 그분들 역시 인간이 가진 본질적인 고민을 해결하지 못했는데, 자신의 문제를 해결하지 못하면서 다른 사람이 가진 근본 문제를 어떻게 해결해줄 수 있겠습니까?

이청 선생님이 들려주는 이야기 가운데 이분이 가장 좋아했던 서암스님(조계종 9대 종정) 이야기는 인간이 누구인가에 대해 깊이 통찰하게 만듭니다.

봉암사 선방 시절부터 서암스님은 수행하는 사람이라면 자신의 병도 컨트롤할 수 있어야 한다고 가르쳤습니다만 여든이 넘어 폐렴에 걸려 의식이 없는 상태에서 병원에 누워 계셨다고 합니다. 그러다가 의식이 들면서 주렁주렁 팔에 매달린 링거 병을 보고 "도대체 이게 뭐냐?" 하면서 퇴원해버렸습니다. 그러나 훗날 화장실에서 뇌출혈로 쓰러져 3년간 투병하다 돌아가셨습니다. 이청 선생은 평생을 수행해온 고승조차 평범한 사람과 다르지 않게 죽음을 맞는다면, "우리가 평생 동안 참선을 통해 깨친다는 것이 뭔가"라는 의문을 갖게 되었다고 고백합니다.

또 한 가지 질문과 대답이 흥미롭습니다. 기자가 "고승들을 만나면서 나고 죽는 문제의 답을 얻었습니까?"라고 묻자 이청 선생은 이렇게 답합니다. "산사에서 법담을 나눈 뒤 만족감에 배를 두드리며 집으로 돌아왔지만 다음 날 아침 살펴보면 갖고 온 것이 아무것도 없다는 허무와 맞닥뜨리기 일쑤였다."

충분히 예상 가능한 답입니다. 왜냐하면 고승이건 훌륭한 신부건 간에 모두가 인간이기 때문입니다. 시중 사람들과 달리 평생 수행력을 갈고 닦아온 사람일지라도 인생에 대한 허무감으로부터 벗어날 수 있을까요? 저는 쉽지 않다고 봅니다. 인간이기 때문이지요.

개신교 목회자도 마찬가지라고 생각합니다. 대형 교회 목회자라고 해서 인간이 아닐 수는 없습니다. 신성과 인성 모두를 소유하고 하나님으로부터 모든 문제 해결 능력을 부여받은 예수 그리스도 이외에 인간의 근본적인 문제들에 대해 해답을 줄 수 있는 존재가 누가 있을까요? 저는 없다고 봅니다.

사도 베드로는 말했습니다. "다른 이로서는 구원을 얻을 수 없나니 천하 인간에 구원을 얻을 만한 다른 이름을 우리에게 주신 일이 없음이니라."(「사도행전」 4:12)

사도 바울도 이렇게 증거했습니다. "하나님은 한 분이시요 또 하나님과 사람 사이에 중보도 한 분이시니 곧 사람이신 그리스도 예수라."(「디모데전서」 2:5)

하나님께서는 예수 그리스도 이외에 인간을 죄로부터 구출해주는 구주(Saviour, 모쉬아)를 세상에 보낸 적이 없음을 명심해야 할 것입니다.

어려움에 처한 사람은 자신의 지력에 의지할 수도 있지만 기도를 할 수도 있습니다. "주여, 이 길이 주님 보시기에 합당한 길이라면 저를 이 길로 인도하시옵소서. 하지만 만일 이 길이 합당한 길이라고 보시지 않는다면 저로 하여금 다른 길을 선택하게 도와주시옵소서." 이처럼 간절한 기도를 통해 문제 해결책을 구할 수 있습니다.

특히 어려운 문제에 대한 해법을 제시함에 있어서 예수님은 "내 이름으로 무엇이든지 내게 구하면 내가 시행하리라"(「요한복음」14:14)라는 답을 분명히 전합니다. 어떻게 이런 일이 가능할까요?

예수 그리스도는 하나님으로부터 모든 문제를 해결할 수 있는 권능을 부여받은 세상 문제의 해결자이시기 때문입니다. 또한 예수 그리스도는 하나님이시기 때문입니다. 그래서 '오직 예수!'라는 표현에는 강력한 호소력이 담겨 있습니다.

헛된 미혹에서 벗어나는 길

"모든 육체는 풀과 같고 그 모든 영광은 풀의 꽃과 같으니
풀은 마르고 꽃은 떨어지되 오직 주의 말씀은 세세토록 있도다." 했으니
너희에게 전한 복음이 곧 이 말씀이니라.

For, "All men are like grass, and all their glory is like the flowers of the field;
the grass withers and the flowers fall, but the word of the Lord stands forever."
And this is the word that was preached to you.

– 「베드로전서」 1:24-25

:: 우리는 현란한 시대를 살고 있습니다. 보고, 듣고, 만지고 하는 모든 것들이 우리의 욕망을 자극하지요. 우리는 더 많이 가지고, 더 근사한 것을 즐기기 위해 분주하게 활동합니다. 자극은 바깥에서만 오는 것도 아닙니다. 우리 안에는 강력한 추진력을 내뿜는 욕구가 자리 잡고 있습니다. 소유욕, 명예욕, 권력욕, 성욕 등. 이러한 내면의 욕구야말로 우리로 하여금 더 멀리, 더 높이, 더 빨리 달음박질하게 만드는 추진력입니다.

그러나 우리가 잊지 말아야 할 것은 눈에 보이는 것이 전부는 아니라는 사실입니다. 어쩌면 우리는 지나치게 많은 시간과 에너지를 헛된 것을 추구하는 데 소모하면서 세월을 보내고 있는지 모릅니다. 『성경』은 육체를 풀과 꽃에 비유합니다. 반면에 말씀을 영원한 것에

비유합니다. 풀과 꽃은 금세 시들어버립니다. 그것이 아무리 화려했다 하더라도 긴 시간에서 보면 한 점처럼 짧은 영광에 지나지 않습니다.

저는 젊은 날부터 큰 재산을 모은 분들을 곁에서 지켜볼 수 있는 기회가 있었습니다. 그분들 중에는 불시에 걸린 병으로 쌓아둔 모든 것을 버리고 저세상으로 떠난 분도 있었고, 또 예상치 못한 환경 변화로 일시에 그 많은 재산을 날린 분도 있었습니다. 그때는 잠시나마 대단하게 보였던 재산이 참으로 덧없는 것일 수도 있구나라는 생각을 했습니다. 뿐만 아니라 지인들 중 권력의 정점에 다가섰던 몇 분이 각종 수뢰사건에 연루되어 이름 없는 들꽃처럼 인생의 후반전을 보내는 것도 보았습니다. 이야기의 요지인즉 우리가 혼신의 힘을 다해 쌓은 지상의 업적들이 우리가 생각하는 것처럼 그렇게 대단한 것이 아니라는 사실입니다.

우리는 육체를 중요하게 여기는 것처럼 영혼을 무척 귀하게 대해야 합니다. 말로만 귀하게 대할 것이 아니라 여러분의 시간과 에너지의 일부를 영혼을 가다듬는 일에 투입해야만 합니다. 믿는 자들에게 영혼을 가다듬는 일 중의 으뜸은 『성경』을 읽고, 말씀을 자주 묵상하며, 복음의 진실과 그리스도에 대한 지식을 자주 들어서 자신의 것으로 만드는 일입니다. 사도 바울은 그리스도에 대한 지식이야말로 세상의 그 어떤 것보다 귀한 것임을 이렇게 말합니다.

그러나 무엇이든지 내게 유익하던 것을 내가 그리스도를 위하여 다 해로 여길 뿐더러 또한 모든 것을 해로 여김은 내 주 그리스도 예수를 아는 지식이 가장 고상하기 때문이다. 내가 그를 위하여 모든 것을 잃어버리고 배설물로 여김은 그리스도를 얻고 그 안에서 발견되려 함이니 내가 가진 의는 율법에서 난 것이 아니요 오직 그리스도를 믿음으로 말미암은 것이니 곧 믿음으로 하나님께로부터 난 의라. - 「빌립보서」 3:7-9

사도 바울은 그리스도에 대한 지식 이외의 것을 '배설물'로 여기게 되었다고 고백합니다. 믿음을 갖기 전에 바울에게 자부심과 기쁨을 주었던 유대인이란 신분, 로마 시민권, 뛰어난 학식 그리고 율법을 지킴으로 인해서 얻게 되는 의는 모두 배설물에 지나지 않는다는 이야기입니다. 믿는 자가 된 사도 바울에게 가장 중요한 것은 무엇이었을까요? 예수 그리스도를 믿음으로 예수 그리스도의 의를 알게 된 것입니다. 바울에게 고상한 지식이란 하나님이 예수님이라는 인격으로 이 땅에 오셔서 구속사역과 부활승천을 하셨다는 복음을 알게 된 것입니다.

여기서 복음은 '예수 그리스도의 십자가와 부활을 통해 하나님이 인간을 죄와 죽음의 상태에서 구원한다는 약속과 그 사실'을 말합니다. 사도 바울은 이렇게 고백하고 있습니다. "나 자신이 계속 그리스도에게 사로잡혔기 때문에 나는 그를 붙잡기 위한 경주를 계속하고 있다."(「빌립보서」 3:14)

그는 열심히 '그리스도 예수를 아는 지식'을 위해 힘차게 달려갔습니다. 여러분이 믿는 자가 되면 바울과 같은 그런 변화가 일어날까요? 모든 사람에게 일어날 수는 없습니다. 그러나 '그리스도 예수를 아는 지식'이 그 어떤 것보다 고상하고, 영원하고, 귀하다는 사실을 확신하는 사람이라면 큰 변화를 경험합니다.

그것을 어떻게 증명할 수 있을까요? 자신이 시간을 어떻게 사용하고 있는가를 보면 됩니다. 하루 중에서 어느 정도의 시간을 예수를 아는 데 보내는가를 보면 됩니다.

저는 극적인 변화를 경험했습니다. 틈만 나면 『성경』 말씀을 듣고 읽고 하게 되었으니 말입니다. 그렇게 하다가 더 정확하게 알면 더 잘 믿을 수 있겠기에 책으로 생각을 정리하게 된 것입니다. 무엇을 가장 귀하게 여기는지를 드러내는 것은 그것에 할당하는 시간입니다. 물론 대부분의 생활인이 지금 저 정도의 시간을 들일 수는 없는 일입니다. 다만 우리가 명심해야 할 것은 제대로 사는 삶에서 영혼을 가다듬기 위한 노력이 무척 중요하다는 사실이지요.

그럼 영혼에 대한 공부의 정점은 어디일까요? 『성경』은 말합니다. "믿음의 결국(목표) 곧 영혼의 구원을 받음이라." (「베드로전서」 1:9)

이 말로써 믿음을 통해 구원을 얻는 일이야말로 영혼을 가다듬는 일의 목표라고 말합니다. 또 다른 목표가 있다면 부지런히 말씀을 듣고 읽고 묵상하면서 '그리스도 예수를 아는 지식'을 더욱 굳건하게 만드는 일입니다.

성경이 "믿으라, 그러면 진리를 얻으리라"를 강조한다면, 동양철학의 정수를 담은 『논어』는 "배워라, 그러면 진리를 얻으리라"고 말합니다. 제 생각에는 아무리 많이 배워도 깊은 늪처럼 제대로 사는 길을 깨우치는 일은 아득하기만 합니다. 배우면 배울수록 알기 때문에 생겨나는 고통도 커지게 되지요. 부지런히 배우는 일이 필요하기는 하지만 창대한 바다와 같은 지식의 바다에서 도대체 얼마나 배워야 진리를 깨우칠 수 있을까요? 쉽지 않은 일입니다.

진리의 바다로 가면 현자라 불리는 사람들은 제각각의 주장을 펼칩니다. 때로는 이들의 주장들 속에서 방황하고 있는 자신을 발견하기 쉽습니다. 무엇을 믿어야 하는가에 대한 문제가 해결되지 않으면 지적 혹은 영적 방황은 계속됩니다. 치열한 진리 추구의 끝자락에서 결국 내가 그동안 읽고, 쓰고, 수행한 것들이 다 무엇을 위함이었던가 하는 질문과 만나게 될 수도 있습니다.

여기서 제가 얻은 잠정적인 결론은 믿음을 갖는 일이 그 질문의 새로운 출발점이 되어야 한다는 사실입니다. 이때부터 지적 방황, 영혼의 방황, 생활의 방황도 상당 부분 끝나버리게 됩니다.

인내의 향기

너희의 인내로 너희 영혼을 얻으리라

By standing firm you will gain life.

- 「누가복음」 21:19

:: 믿음의 어원인 히브리어 '에무나'는 '인내'의 어원이기도 합니다. 그래서 "너희의 인내로 너희 영혼을 얻으리라"는 말은 "너희의 믿음으로 너희 영혼을 얻으리라"로 재해석할 수도 있습니다. 믿음은 곧바로 인내를 뜻하니까요. 여러분은 어떠세요? 인내심이 강한 편입니까? 현대의 특징은 무엇이든 즉시즉시 처리하는 것이지요. 귀한 결과를 얻기 위해 일정한 기간 동안 꾸준히 추구하고 어려움을 참아내는 것에 큰 가치를 두지 않는 시대입니다. 그럼에도 불구하고 귀한 것치고 참고 견디지 않고서 이루어진 것이 얼마나 있을까요?

우리가 가장 귀하게 여기는 것은 생명입니다. 모든 생명은 일정한 기간의 견뎌냄을 통해서 탄생하게 됩니다. 또 누군가 위대한 업적을 내놓아 신문에 대서특필되었다고 해보세요. 현재의 성과만 바라보는 사람은 그 성과만을 부러워할 것입니다. 그러나 걸출한 성과를 낳는 과정에 주목하는 사람들은 참고 견뎌낸 그 사람의 인내에 박수를 보낼 것입니다.

그런데 왜 대부분의 사람들은 인내 대신에 포기를 선택해버릴까요? 사실상 포기가 쉬운 길이기도 하고, 지금 당장 편한 길이기도 하며, 넓은 길이기도 하기 때문입니다. 특별한 노력을 하지 않더라도 지금 당장 포기해버리는 일은 누구든지 할 수 있지 않습니까? 그것은 누구든지 선택할 수 있는 길입니다. 예수님은 "좁은 문으로 들어가기를 힘쓰라"(「누가복음」 13:24)고 권하기도 하고, "좁은 문으로 들어가라. 멸망으로 인도하는 문은 크고 그 길이 넓어 그리로 들어가는 자가 많고"(「마태복음」 7:13)라고 말씀하시기도 합니다.

저도 그동안 이루어낸 나름의 성취들을 살펴보니 그것이 크든 작든 간에 참고 견뎌내지 않고 이루어진 것은 없었습니다. 인내에는 그 나름의 미학도 있고 즐거움도 있고 철학도 있습니다. 참고 견뎌내는 일에 익숙한 사람들을 보면 그들은 그 과정에서 큰 기쁨을 누립니다. 그리고 많은 것을 학습하게 되지요. 우리는 인내가 가진 통념에 설득되지 않아야 합니다. 인내가 힘들다는 것은 고정관념입니다. 참아내는 과정에서 누리는 즐거움도 만만치 않고 포기 대신에 인내함으로써 가질 수 있는 수익도 아주 크답니다.

성경은 인내가 가진 의미와 가치에 대해 많은 증거를 제시합니다. 인내가 인격과 소망을 낳는다는 사실에 대해 『성경』은 이렇게 말합니다. "우리가 환난 중에도 즐거워하나니 이는 환난은 인내를, 인내

는 연단을, 연단은 소망을 이루는 줄 앎이로다."(「로마서」 5:3-4)

여기서 연단은 '연단된 인격'을 말합니다. 환난을 경험하면서 우리는 자신이 진정으로 무엇을 원하는지를 알게 되지요. 의식과 생활 등 모든 면에서 구조조정이 이루어지고 자신이 어디를 향해 나아가야 하는지가 또렷해집니다. 믿는 자는 환난의 유용함을 알기에 환난 중에도 기뻐합니다.

또한 인내가 온전함을 향한 길에서 꼭 필요한 일임에 대해 이렇게 말합니다. "인내를 온전히 이루라. 이는 너희로 온전하고 구비하여 조금도 부족함이 없게 하려 함이라."(「야고보서」 1:4)

믿는 자가 되면 세상 기준으로 늘 좋고 편안한 일만 함께하지 않습니다. 하나님은 더 큰 그릇으로 쓰기 위해, 믿는 자의 부족함을 채워서 더 완전함을 향할 수 있도록 하기 위해 환난을 통과하도록 요구할 때가 자주 있습니다.

뿐만 아니라 하나님은 인내 이후에 약속한 것을 공급한다는 것을 이렇게 표현합니다. "너희에게 인내가 필요함은 너희가 하나님의 뜻을 행한 후에 약속하신 것을 받기 위함이라."(「히브리서」 10:36)

그러니 무엇이든 그것이 추구할 만한 귀한 것인지를 잘 따져보시고 기도하시기 바랍니다. 그리고 '그렇다'라는 평가가 내려지고 '그렇다'는 응답을 받으면 우직하게 나아가시기 바랍니다. 주님만을 바라보면서 말입니다. 분명 충분한 보상이 하나님으로부터 주어질 것입니다.

모든 짐을 주님께 의탁하라

네 짐을 여호와께 맡기라.
그가 너를 붙드시고 의인의 요동함을 영원히 허락하지 아니하시리로다.

Cast your cares on the LORD and he will sustain you;
he will never let the righteous fall.

– 「시편」 55:22

:: 성경 말씀이 가진 대단한 힘과 매력은 수십 번을 읽어도 지겹지 않다는 점입니다. 지겹기는커녕 달콤한 꿀처럼 맛이 있습니다. 읽어도 읽어도 새로운 의미로 다가온다는 점은 참으로 놀라운 일입니다. 『성경』 말씀은 우리 영혼에 강한 울림을 줄 뿐만 아니라 대단한 힘과 용기를 줍니다.

신앙생활을 시작하는 사람들이 믿음의 토대를 견고하게 만들어가는 일은 복잡하지도 어렵지도 않습니다. 그냥 자주자주 자신에게 꼭 맞는 말씀을 붙잡고 묵상하는 겁니다. 필요하다면 노트나 카드에 적어볼 수도 있습니다. 암기하는 일은 더할 나위 없이 좋은 방법입니다. 어떤 경우든 자주 떠올리면서 그 의미를 깊이 새겨보는 것만으로도 신앙은 계속 성장할 수 있습니다.

위의 「시편」 구절은 제가 자주 묵상하는 말씀 가운데 하나입니다. 삶의 무게가 버겁게 여겨질 때 저는 자주 이 말씀을 되새깁니다. 용기가 필요할 때, 위로가 필요할 때, 도전이 필요할 때, 의심을 극복해야 할 때마다 그것에 꼭 맞는 말씀을 묵상하는 일은 여러분의 삶에 큰 위안을 줄 것입니다. 저는 위의 말씀을 묵상할 때마다 제가 갖고 있는 무겁고 힘든 문제를 주님께 맡기면, 그분이 저를 붙들어 실족하지 않도록 해줄 것이라는 확신을 얻게 됩니다.

제가 좋아하는 말씀 가운데 또 하나는 「이사야」에 등장하는 다음 구절입니다.

> 너희는 이전 일을 기억하지 말며 옛날 일을 생각하지 마라. 보라 내가 새 일을 행하리니 이제 나타낼 것이라. 너희가 그것을 알지 못하겠느냐. 반드시 내가 광야에 길을, 사막에 강을 내리니.
> - 「이사야」 43:18-19

사람이란 늘 뒤를 되돌아보게 되지요. 그리고 지나간 어떤 상황에 대해 혹은 사람에 대해 원망할 수 있습니다. 그런데 『성경』은 이미 지나가버린 것에 대해 애석해 하거나 후회하지 말라고 권합니다. 하나님이 믿는 자에게 더 나은 일을 펼쳐주실 것을 약속하고 있기 때문입니다. 그분이 약속한 것은 깜짝 놀랄 만한 것이지요. 어느 누가 광야에 길을 낼 수 있을까요? 어느 누가 사막에 강을 만들 수 있을까요?

사실 「이사야」의 위 구절은 이성과 논리 그리고 합리의 눈으로 비추어보면 황당한 이야기처럼 보입니다. 어떻게 광야에 길을 만들 것이며 사막에 강을 만들겠습니까? 그러나 믿음을 가진 자들에게는 이런 말씀이 믿어집니다. 믿어지기 때문에 그 말씀이 실현되리라는 확신을 갖는 것이지요.

가능한 한 인생의 이른 시점부터 삶의 불확실함을 헤쳐가는 확실한 방법은 하나님 말씀을 붙잡고 살아가는 것입니다. 자신에게 꼭 맞는 말씀을 적거나 외우면서 가슴에 꼭꼭 새기고 그 의미를 깊이 묵상하면서 살아가는 겁니다. 그렇게 하면 여러분 앞을 가로막는 모든 장애물을 극복할 수 있는 담대함을 얻을 수 있을 겁니다. 뿐만 아니라 문제 해결을 위한 지혜도 얻을 수 있을 겁니다. 많은 분들이 말씀의 역사 즉 말씀의 운동력을 체험하게 될 겁니다.

제가 믿음을 가지게 되면서 아쉽게 생각하는 것 하나가 저 자신이 좀 더 인생의 이른 날부터 말씀을 가까이할 수 없었다는 점입니다. 그리고 다른 하나는 자식들을 어린 시절부터 말씀의 축복 속에 키울 수 없었다는 아쉬움입니다.

그래서 젊은 어머니나 아버지를 만나면 꼭 자녀를 하나님 말씀 속에서 키우라고 권합니다. 유대인 교육의 비밀에 대해 이런저런 이야기들이 많지만, 핵심은 말씀 교육에 있습니다. 복음이 없는 말씀이긴 하지만 말입니다. 만일 이 땅의 어린아이들에게 모두 복음이 있는 말씀 교육을 시킬 수만 있다면 유대인을 능가하는 인재들이 많이 나올 수 있을 것이라 생각합니다.

2부

주님으로의 혁명, 삶의 중심이 바뀌다

"오직 여호와를 앙망하는 자는 새 힘을 얻으리니
독수리가 날개 치며 올라감 같을 것이요
달음박질하여도 곤비하지 아니하겠고 걸어가도
피곤하지 아니하리로다."

— 「이사야」 40 : 31

유혹의 덫에 깨어있으라

그런즉 선 줄로 생각하는 자는 넘어질까 조심하라.
사람이 감당할 시험 밖에는 너희가 당한 것이 없나니
오직 하나님은 미쁘사 너희가 감당하지 못할 시험당함을 허락하지 아니하시고 시험당할
즈음에 또한 피할 길을 내사 너희로 능히 감당하게 하시느니라.

So, if you think you are standing firm, be careful that you don't fall!
No temptation has seized you except what is common to man. And God is faithful;
he will not let you be tempted beyond what you can bear. But when you are tempted,
he will also provide a way out so that you can stand up under it.

– 「고린도전서」 10:12-13

　　　　　:: 우리 모두는 약한 존재입니다. 약한 정도는 사람
의 의지력이나 기질 차이에서 비롯될 수도 있지만 모두가 약할 수밖
에 없는 근본적인 원인은 인간의 죄성 때문이지요. 또한 세상살이 자
체가 지뢰밭과 같습니다. 굽이굽이 유혹의 덫이 우리를 기다리고 있
습니다.

　멀쩡하던 사람이 엉뚱한 짓이나 비리 때문에 실족하게 되는 일들
을 만날 때마다 사는 게 아슬아슬하다는 생각을 하게 됩니다. 대수롭
지 않게 생각하고 한 행동 때문에 그동안 쌓아온 모든 것을 한꺼번에
날려버릴 수 있습니다. 뿐만 아니라 사회적 비난의 중심에 설 수도 있
습니다. 한순간에 말입니다.

　유혹과 맞닥뜨렸을 때 우리는 두 가지 방법 가운데 하나를 선택하

거나 혹은 두 가지 방법 사이에서 절충점을 찾게 됩니다. 하나는 자신의 자유의지에 따라 유혹에 맞서는 길입니다. 다른 하나는 자신의 연약함을 인정하고 하나님께 자신을 도와달라고 간절히 도움을 구하는 길입니다. 물론 후자의 방법을 선택한다고 해서 전자의 방법이 필요하지 않다는 이야기는 아닙니다.

믿는 자가 되면 유혹을 대하는 일에서도, 유혹을 극복하는 일에서도 근본적인 변화가 일어납니다. 『성경』은 "난 정말 강한 사람이야"라고 자신하는 사람에게도 유혹에 굴복당하지 않도록 조심할 것을 당부합니다. 그리고 하나님이 여러분이 감당할 수 없는 유혹에 굴복당하지 않도록 보호하실 것이며, 스스로 참아낼 수 없을 만큼 강력한 유혹에 대해서는 헤쳐나가는 방법을 가르쳐줄 것임을 약속하고 있습니다.

위에 소개한 『성경』 구절은 유혹 앞에 섰을 때 붙잡고 기도할 수 있는 대표적인 문장입니다. 한번은 한 젊은이가 "성경은 인간의 연약함을 지나치게 강조하는 것 같다"고 말하면서 '자조 정신'을 강조하는 저에게 어떻게 생각하느냐고 물었습니다. 저의 답은 이랬습니다. "살면서 점점 더 확신하게 되는 것은 인간이 혼자 힘으로 모든 것을 헤쳐나가는 것은 가능하지 않다는 것입니다."

이것은 지난날의 저와는 상당히 다른 입장입니다. 인간이 할 일은 다만 자신을 가능한 참되게 단련하는 일에 게으르지 않는 것입니다.

끝으로 형제들아 무엇에든지 참되며 무엇에든지 경건하며 무엇에든지 옳으며 무엇에든지 정결하며 무엇에든지 사랑받을 만하며

무엇에든지 칭찬받을 만하며 무슨 덕이 있든지 무슨 기림이 있든지 이것들을 생각하라. - 「빌립보서」 4:8

유혹을 경계하는 또 하나의 방법은 평소에 조심하면서 사는 겁니다. 너무 자신의 의지력을 믿지 마시고 늘 유혹에 빠질 수 있는 기회로부터 자신을 멀찌감치 두도록 노력해야지요. 시험에 들지 않으려면 말입니다. "난 다른 사람과 달라." 하고 말할 수 있지만, 사람은 누구든지 유혹에 실족할 수 있는 존재라는 사실을 잊지 마시기 바랍니다. 그 사람의 잘못이라기보다 사람의 타고난 죄성 때문에 그렇습니다.

내 안에 빛이 있는 사람으로

예수께서 대답하시되 낮이 열두 시간이 아니냐,
사람이 낮에 다니면 이 세상의 빛을 보므로 실족하지 아니하고
밤에 다니면 빛이 그 사람 안에 없는 고로 실족하느니라.

Jesus answered, "Are there not twelve hours of daylight?
A man who walks by day will not stumble, for he sees by this world's light.
It is when he walks by night that he stumbles, for he has no light."

－「요한복음」 11:9-10

::실족失足하는 인간, 실족할 수밖에 없는 인간. 이런 표현을 자주 떠올리게 됩니다. 아침 신문을 볼 때면 탄탄대로를 달리던 사람들이 여자문제 때문에, 뇌물 때문에, 자식 때문에 실족한 사건들을 자주 만나게 됩니다. 그럴 때마다 매번 씁쓸한 느낌입니다.

영화배우이자 성우로서 명성을 날렸던 고은아(66세) 선생의 인터뷰를 읽었던 적이 있습니다. 보성전문 출신이었던 아버지는 하루도 빠짐없이 일기를 쓰고 시간을 정해 놓고 기도를 하셨다고 합니다. 아침기도를 하다가 의식을 잃고 세상을 떠나신 아버지의 죽음을 되새기면서 고은아 선생은 이런 질문을 던지게 되었다고 합니다.

"왜 평생 기도를 하셨을까? 자신의 입신출세나 영달을 위해서는 아니겠지요. 아마 가족이 하나님의 길, 궁극적인 길에서 벗어나지 않도

록 하신 게 아닐까요?"

인터뷰를 읽으면서 저의 머릿속에는 번뜻 '실족'이란 단어가 떠올랐습니다. 부모는 자식의 앞날에 영광이 함께하기를 기도하면서 동시에 그들이 실족하지 않도록 간절히 기도할 것입니다. 저도 늘 이런 기도를 합니다. 제가 실족하지 않기를, 자식들이 실족하지 않기를 그리고 지인들이 실족하지 않기를……. 자의에 의해서든 타의에 의해서든 인간은 얼마든지 실족할 수 있기 때문입니다.

성취를 하면 할수록 실족의 가능성은 커집니다. 누군가 자신을 지켜보고 있지 않다고 생각하면 자신이 원하는 대로 아무렇게나 행동할 수도 있습니다. 그러나 누군가 나의 일거수일투족을 지켜보고 있다는 확신을 갖는다면 실족하지 않는 삶을 살아가려고 무던히 노력할 것이고, 그렇게 해달라고 하나님께 기도할 것입니다. '자신 안에 빛이 있는 사람'은 언제 어디서나 하나님의 길에 따라 살아가는 사람일 것입니다.

예수님은 실족은 피해야 하는 일이지만 세상에는 실족하게 만드는 사람들이 존재한다는 사실을 분명히 말씀하시며 그들이 화를 당할 것이라고 이야기합니다.

> 예수께서 제자들에게 이르시되 실족하게 하는 것이 없을 수는 없으나 그렇게 하게 하는 자에게는 화로다. - 「누가복음」 17:1

우리는 실족을 피하기 위해 인간적인 노력도 해야 합니다. 불의와 타협하지 않고, 눈앞의 이익이나 쾌락 때문에 부정에 손을 담그지 않도록 해야지요. 그러나 이것 역시 인간적인 일인지라 상황에 따라 마음이 왔다 갔다 할 수 있어 그다지 믿을 수가 없습니다. 우리가 의지할 수 있는 유일한 길은 변함없이 하나님을 믿고 따르는 것입니다.

> 나의 걸음이 주의 길을 굳게 지키고 실족하지 않게 하셨나이다.
> - 「시편」 17:5

> 그의 마음에는 하나님의 법이 있으니 그의 걸음은 실족함이
> 없으리로다. - 「시편」 37:31

보기에 편안하고 쉽고 당장 즐거움을 주는 길이 우리의 길이 아닙니다. 그것은 세상의 길이지요. 우리는 힘들게 보여도 하나님의 길을 따라가야 합니다. 어떤 길이 그 길일까요? 『성경』 말씀에 올바른 길이 기록되어 있습니다.

지금은 상대주의의 물결이 거센 시대입니다. 모든 가치가 상대적이라 귀에 걸면 귀고리, 코에 걸면 코걸이처럼 자기 편의에 맞춰서 옳고 그름이 달라질 수 있다고 주장하는 시대입니다. 우리가 가야 할 올바른 길과 그렇지 않은 길을 명확하게 가르쳐주는 것은 『성경』 말씀이자 『성경』이 제시하는 길입니다.

정면에서 마주서는 삶의 고통

형통한 날에는 기뻐하고 곤고한 날에는 되돌아보라.
이 두 가지를 하나님이 병행하게 하사
사람이 그의 장래 일을 능히 헤아려 알지 못하게 하셨느니라.

When times are good, be happy; but when times are bad, consider:
God has made the one as well as the other. Therefore,
a man cannot discover anything about his future.

− 「전도서」 7:14

:: 인생은 좋은 날과 고단한 날들이 씨줄과 날줄로
짜인 옷감과 같습니다. 좋은 날만 마냥 계속될 수도 없고 그렇다고 해
서 곤고한 날만 계속될 수도 없습니다. 그런데 인간은 좋은 날이 오
면 그런 날들이 오래도록 계속될 것이라고 착각하고는 하지요. 고단
한 날들에도 비슷한 상황이 일어납니다. 조바심 때문에 어쩔 줄 몰라
당황합니다. 지금처럼 곤고한 날들이 오래오래 어쩌면 영원히 계속
될 것만 같은 착각에 빠집니다. 이내 낙담과 좌절이 찾아오고 오랜 슬
럼프를 겪기도 합니다.

살다 보면 늘 승승장구할 수는 없습니다. 자신에게 활짝 열려 있던
모든 문들이 이상하게도 하나하나 모두 닫히는 것만 같은 상황이 벌
어지게 되지요. 이때는 낙담하지 않는 사람이 이상할 정도입니다. 이

렇듯 지성의 눈으로 위기 상황을 바라보면 낙담과 좌절밖에 보이지 않을지라도, 우리는 하나님의 눈으로, 즉 영성의 눈으로 자신이 마주친 상황을 바라봐야 합니다.

만약 여러분이 그런 상황에 놓여 있다면 더없는 영광의 나날을 힘차게 달려왔던 솔로몬 왕의 지혜에 귀를 기울여보시기 바랍니다. 까닭도 모르게 곤고한 날이 여러분 앞에 펼쳐질 때, 바로 그 시점에 어떤 특별한 의미가 있지는 않을까라는 생각을 해보시기 바랍니다.

이유 없이 멈추어 서거나 서행할 수밖에 없는 상황이 닥친다면 그곳에는 하나님의 깊은 뜻이 숨어 있을 것입니다. 바로 그 시점이 하나님을 바라보아야 할 때입니다. 그때가 하나님에 대해 생각하고 공부하고 바라보아야 할 때임을 아셔야 합니다. 질주하듯이 세속적인 것을 향해 뛰어온 여러분에게 하나님은 그의 계획표에 따라 훗날 더 큰 축복을 부어주기 위해 그러한 날을 준비하신 겁니다. 「전도서」에는 곤고한 날과 노년이 이르기 전에 창조주 하나님을 기억하라는 문장이 나옵니다.

> 너는 청년의 때에 너의 창조주를 기억하라. 곧 곤고한 날이 이르기 전에, 나는 아무 낙이 없다고 할 해들이 가깝기 전에.
> - 「전도서」 12:1

곤고한 날이 오기 전, 청년의 때부터 하나님을 생각하면 최선입니다. 그러나 모든 사람들에게 그런 축복이 주어지는 것은 아닙니다. 청년의 시기부터 그렇게 하지 못한 사람이 곤고한 날을 맞이했을 때는 그 기회를 놓치지 않아야 합니다. 그때야말로 좋았던 날과 어려운 나날을 함께 생각해보시고 그동안 멀찍이 떠나 있던 하나님과의 관계를 다시 정상으로 되돌려야 할 절호의 기회입니다. 그렇게 하라고 여러분에게 곤고한 날이 주어졌습니다. 기회를 놓치지 않아야 후회 없는 인생을 살 수 있습니다.

지나고 보면 그런 곤고한 날 덕분에 사람들은 큰 재목으로 성장합니다. 이승만 대통령은 25세 청년으로 한국 최초의 근대적 의미로서의 데모를 주동하고 정치범으로 5년 7개월 동안 감옥생활을 했습니다. 사형 언도를 받고 하루하루 죽음의 그림자가 다가오는 상황에서 그는 무거운 칼을 쓰고 손발이 묶인 채 갇혀 있을 당시 주님을 만나게 됩니다. 어느 날 배재학당 예배 시간에 듣던 설교가 울리는 것을 들을 수 있게 되면서 그는 "하나님, 내 나라와 내 영혼을 구하옵소서!"라는 간구와 함께 마음의 평온을 찾았다고 합니다.

그 고난 속에서 그는 아무 연고도 없이 이 땅을 찾았던 선교사들의 도움으로 사상의 틀과 인맥을 차곡차곡 쌓게 됩니다. 이때 그를 자주 찾았던 미국인 친구들은 헨리 아펜젤러, D. A. 번커, 제중원의 올리버 애비슨, 호레이스 언더우드, 제임스 게일 등이었습니다. 그는 감옥 속에서 갈고 닦았던 신앙과 종교의 힘으로 평생을 지탱할 수 있었습니다. 1903년 9월 『신학월보』에 이승만은 '인간의 곤경은 하나님의 기회'라는 신앙관을 드러내는 글을 기고했습니다.

"사람이 극히 어려운 지경을 만나면 곧 하나님께서 감화시킬 기회라 하나니 비교하건대 논꼬에 물이 마르고 뜨거워 고기가 살 수 없게된 후에야 스스로 새 물길을 얻어 강과 바다를 찾아갈지라. 이 세상은 우리의 잠시 사는 논꼬 물이라."

　한여름의 먹구름처럼 여러분에게 곤고한 날이 닥쳤을 때, 이때가 바로 하나님을 향해 눈을 돌려야 할 때임을 잊지 마시기 바랍니다. 고난의 시기는 생각만큼 오래가지 않습니다. 하나님이 삶의 속도를 줄이려 하실 때는 그 속에 특별한 의미가 있을 것입니다. 그것을 찾아내셔야 합니다.

후대에 축복을 남기는 삶

할렐루야, 여호와를 경외하며 그의 계명을 크게 즐거워하는 자는 복이 있도다.
그의 후손이 땅에서 강성함이여 정직한 자들의 후손에게 복이 있으리로다.
부와 재물이 그의 집에 있음이여 그의 공의가 영구히 서 있으리로다.

Praise the LORD. Blessed is the man who fears the LORD, who finds great delight in
his commands. His children will be mighty in the land; the generation of
the upright will be blessed. Wealth and riches are in his house,
and his righteousness endures forever.

－「시편」 112:1-3

:: 사위 사랑은 장모사랑이라는 말이 있습니다. 장모님은 황해도에서 피난을 왔다가 돌아가지 못한 분입니다. 산후 후유증 때문에 오랜 병고에 시달리셨는데, 제가 둘째아이를 갖고 나서 얼마 되지 않아 돌아가셨지요. 그런데 돌아가시기 전에 장모님이 특별한 이야기를 했다는 사실을 최근에야 전해 들었습니다.

"내가 피난을 와서 고생하며 살면서 한 가지 깨달음을 얻었다. 주변에 둘러보면 그래도 예수 믿는 사람이 다 잘살게 되었더라. 그러니 너희도 예수를 믿고 잘살았으면 한다."

제가 예수님을 믿고 나서야 아내가 전해준 이 이야기를 저는 가끔 떠올리곤 합니다. 믿음이 있는 분들은 예수를 믿으면 이런 것이 좋다, 저런 것이 좋다고들 이야기할 것입니다. 물론 다른 종교를 가진 분들은 다른 이야기를 할 수 있을 것입니다. 그럼 예수님을 영접하고 나면 진짜 좋은 것이 무엇일지 생각해봅시다.

우리는 단지 당대에 나 혼자 잘 먹고 잘살기 위해 노력 분투하는 것이 아닙니다. 누군가 저에게 이렇듯 열심히 사는 이유를 묻는다면, 물론 저의 행복도 중요하고 성공도 중요하지만 더 깊은 곳에는 후대를 생각하는 마음이 아주 강하기 때문이라고 말할 것입니다.

저는 학부모님들을 위한 강연회에 자주 가는데, 그때마다 부모 사랑 특히 대한민국 어머니들의 자식 사랑이 실로 대단하다는 것을 경험합니다. 그런데 진실로 부모 세대뿐만 아니라 후대들이 실족하지 않고 교만하지 않고 자신의 분야에서 반듯한 인생을 살아가기를 소망하는 부모라면,『성경』에 나오는 축복이란 단어를 묵상해보셔야 합니다. 이때 알게 되는 것이 여호와 하나님을 경외하는 사람은 당대에만 축복이 그치는 것이 아니라 그 축복이 후대로 풍성하게 연결된다는 사실입니다. 이 얼마나 중요한 진리입니까!

자식에게 좋은 교육을 시키고 명문대학교를 졸업시키는 것도 중요합니다. 그러나 이것보다 훨씬 중요한 것은 튼실한 신앙을 물려주는 것이고, 후대를 위해 기도하는 아버지와 어머니의 모습을 보여주는 일일 것입니다. 오늘날 정말 많은 사람들이 이스라엘을 놀라운 눈으로 보고 유대 민족의 탁월함에 감탄사를 연발합니다. 저는 그것의 핵심은 바로 어린 시절부터 체계적으로 이루어진『성경』말씀 교육과 탈무드 교육으로부터 나온 힘이라고 봅니다.

유대인들은 세 살부터 열 살 때까지의 아이들에게 모세오경의 일부분을 외우게 하거나 핵심적인『성경』구절을 암송하게 만듭니다.

그 말씀들이 평생 동안 승리하는 삶의 원동력이 되는 것이지요. 말씀이 힘과 용기와 지혜와 담대함을 주기 때문입니다. 『성경』은 믿는 자에게 그 후손에게까지 하나님의 복 부어주심이 함께하실 것임을 증언하고 있습니다.

> 오늘 내가 네게 명령하는 여호와의 규례와 명령을 지키라. 너와 네 후손이 복을 받아 네 하나님 여호와께서 네게 주시는 땅에서 한없이 오래 살리라. -「신명기」4:40

우리 부부는 신혼 때부터 둘째아이를 낳을 때까지 몇 해 동안 가끔씩 교회에 나갔던 적이 있습니다. 하지만 당시 복음을 정확하게 전달받지 못했기 때문에 큰 기쁨을 누릴 수 없었습니다. 그러다 20년이 훌쩍 지난 시점에서 다시 예배당을 찾기 시작한 아내에게 제가 물었습니다. "무슨 이유로 다시 예배당을 찾게 된 것이오?" 놀랍게도 아내는 이렇게 말했습니다. "자식들과 후대를 위해 기도하는 어머니가 되어야겠다고 결심했어요."

「이사야」에서도 하나님은 믿는 자의 후손들에게 복을 내릴 것임을 이렇게 약속하고 계십니다.

> 나는 목마른 자에게 물을 주며 마른 땅에 시내가 흐르게 하며 나의 영을 네 자손에게, 나의 복을 네 후손에게 부어주리니 그들이 풀 가운데에서 솟아나기를 시냇가의 버들같이 할 것이라.
> -「이사야」44:3-4

후손들이 시냇가의 버들처럼 번성한다고 생각해보시기 바랍니다. 이런 삶의 비밀을 배울 기회가 없습니다. 누군가 전해주지 않으면 말입니다. 명문대학교에 진학시키고 유학을 보내는 일은 누군가 가르쳐주지만 삶의 숨겨진 비밀을 가르쳐주는 사람은 없습니다.

제가 젊은 아버지와 어머니들에게 꼭 권면드리고 싶은 사항이 있습니다. 저는 늦게 시작했지만 여러분은 지름길을 선택해서 아이들이 어릴 때부터 하나님의 말씀을 함께하도록 해서 훨씬 좋은 결실을 얻으시라는 것입니다. 우리가 이 땅에 사는 이유 중 가장 으뜸이 되어야 할 것이 후대에게 풍성한 삶을 물려주는 일일 것입니다. 그럴진대 그 길을 꿰는 첫 단추가 여호와 하나님을 경외하는 일이고 그 틀 속에서 자식들을 양육하는 일이라 생각합니다. 이런 집안에는 자자손손 하나님의 축복이 함께하실 겁니다.

그렇다면 가정에서 아버지와 어머니의 역할은 어떠해야 할까요? 오늘날 아이들 교육의 대부분은 어머니들이 맡고 있는데, 그렇다면 아버지는 무엇을 해야 하는 것일까요? 예수님은 대제사장이자 참 제사장이지만 가정에서는 아버지가 제사장의 직분을 수행해야 합니다. 제사장은 자식에게 참된 축복을 내릴 수 있는 자격을 갖춘 분이지요.

「민수기」에는 제사장이 백성들을 위해 어떻게 축복기도를 해야 하는가를 하나님이 친절하게 가르쳐주신 내용이 소개되어 있습니다. 이것이 아버지가 자식에게 행할 수 있는 축복기도입니다. 여호와의 이름으로 '네게' 대신에 아이의 이름을 넣어도 좋습니다.

여호와는 네게 복을 주시고 너를 지키시기를 원하며 여호와는 그의 얼굴을 네게 비추사 은혜 베푸시기를 원하며 여호와는 그 얼굴을 네게 향하여 드사 평강 주시기를 원하노라 할지니라 하라.

- 「민수기」6:24-26

하나님은 "내 이름으로 자손에게 축복할지니 내가 그들에게 복을 주리라"(「민수기」6:27)는 점을 분명히 하고 있습니다. 누구나 신앙이 깊어지면 자연스럽게 가정예배를 드리고 싶어 합니다. 그리고 정말 자연스럽게 하나님 말씀을 아내와 자식들에게 가르쳐야겠다는 생각을 실천에 옮기게 되지요. 그것이 세상 지식보다 훨씬 중요하다고 생각하기 때문입니다. 18세기 영국과 미국에서 활동한 가장 유명한 목회자였던 조지 위트필드는 가정 내에서 아버지의 역할을 이렇게 말합니다.

"모든 가장들은 세 가지 기능에 합당한 삶을 살아갈 의무를 지니고 있다. 선지자로서 가족에게 하나님의 말씀을 가르치고, 제사장으로서 가족들을 위해 기도하고 또 함께 기도하며, 왕으로서 가족들을 다스리고, 지도하고, 그들의 필요를 공급해주는 삶을 살아야 한다."

예수 그리스도에서 그리스도는 예수님의 직분에 해당하는 표현입니다. 예수님의 직분이 참 선지자, 참 제사장, 참 왕인 것처럼 가정 내에서 아버지 역시 선지자, 제사장, 왕의 직분을 수행하는 귀한 분입니다.

제가 예수님을 믿고 나서 아이들에게 열심히 공들이는 것은 좋은 설교나 좋은 『성경』 문장들을 읽고 선물하고 암송하기를 권하는 일입니다. 두 아들에게 이런 이야기를 해줍니다.

"아버지가 믿음을 갖고 너희에게 신앙생활을 권하지만, 실제 너희가 하나님의 축복을 얼마나 받을지는 너희들 각자가 어떻게 살아가는가에 따라 다르다. 따라서 너희들이 가정을 이루고 만들어낸 새로운 후대들의 축복은 너희들 믿음의 진실성에 크게 의존할 것이다. 『성경』은 가장의 믿음에 따라 그 후손들의 운명이 얼마나 크게 달라지는가를 가르쳐주고 있다. 책임감을 갖고 각자가 너희들 후대를 위해 제대로 믿어야 한다."

악에서 나의 영혼을 구하소서

여호와께서 그를 황무지에서,
짐승이 부르짖는 광야에서 만나시고 호위하시며 보호하시며
자기의 눈동자같이 지키셨도다.

In a desert land he found him, in a barren and howling waste.
He shielded him and cared for him; he guarded him as the apple of his eye.

- 「신명기」 32:10

:: "누가 이처럼 힘든 상황에서 나를 건져낼 수 있을까?" 이따금 극심한 어려움에 처했을 때 우리 입에서 흘러나오는 한탄입니다. 믿었던 사람이나 조직으로부터 배신에 가까운 대접을 받았을 때 이런 비탄이 나오게 되지요. 이때 도움이 될 수 있는 『성경』 말씀이 위에 소개된 바와 같이, 모세가 하나님 지시에 따라 이스라엘 백성에게 가르친 가사의 한 대목입니다.

세상살이와 광야 생활을 직접 비교할 수는 없을 것입니다. 광야 생활은 무척이나 척박한 삶이기 때문입니다. 그러나 공통점을 찾는다면 두 생활 모두 사방으로부터 달려드는 적들로부터 자신을 방어해야 할 뿐만 아니라 방해물을 차근차근 제거할 수 있어야 한다는 것입니다.

광야에서의 굶주림과 갈증 그리고 맹수들의 습격은 노동을 통해서 일용할 양식을 구해야 하는 현대인에게는 시사적인 상황입니다. 당장 일하지 않으면 자신과 가족을 구할 수 없으며, 일하더라도 세상 변화에 뒤처지면 자신과 가족 모두 어려움에 처할 수 있기 때문입니다. 눈에 보이는 도전과제나 적들은 다양한 모습을 갖지만 이 모두를 공격을 가하는 자, 사악한 자 혹은 악인이라 이름 붙일 수 있을 것입니다.

하나님은 악인으로부터 우리를 보호하시고 도와주시는 분입니다. 믿는 자가 어떤 공격을 받더라도 하나님은 그를 보호하실 것을 약속하는 대목이 "하나님의 눈동자같이 지키셨도다"입니다. 「시편」에도 악인들과 원수의 공격으로부터 믿는 자를 보호하는 하나님이 등장합니다.

> 나를 눈동자같이 지키시고 주의 날개 그늘 아래에 감추사, 내 앞에서 나를 압제하는 악인들과 나의 목숨을 노리는 원수들에게서 벗어나게 하소서. (…) 여호와여 일어나 그를 대항하여 넘어뜨리시고 주의 칼로 악인에게서 나의 영혼을 구원하소서.
> - 「시편」 17:8-9, 13

또한 『성경』은 '주의 날개 그늘 아래에 감추는 것처럼' 하나님이 악인의 사악한 짓으로부터 믿는 자를 보호하실 것임을 다음과 같이 약속하고 있습니다.

하나님이여 주의 인자하심이 어찌 그리 보배로우신지요. 사람들이 주의 날개 그늘 아래에 피하나이다. - 「시편」 36:7

여기서 악인은 사악한 사람처럼 구체적인 대상일 수도 있지만 때로는 통제할 수 없는 자연재해와 길흉화복 같은 것일 수도 있습니다. 그 모습이 어떠하든지 간에 사람들을 곤경에 빠뜨리고 급기야는 무너뜨리는 속성을 지니고 있다는 점에서 사악한 사람이나 세력을 모두 포함합니다. 『성경』은 믿는 자에게 이들로부터 보호하리라는 하나님의 말씀을 여러 곳에서 선포하고 있습니다.

악인들 앞에서 흔들거리는 마음을 주체할 수 없다면, 딱 한 가지만 새겨보시기 바랍니다. 그렇게 하면 여러분은 악인들 앞에서 강하고 담대해질 수 있을 것입니다. 여러분이 예수님을 마음으로 믿고 입으로 시인하는 순간 여러분의 신분은 완벽하게 달라져버린다는 그 사실 한 가지를 새기십시오. 그 순간 여러분은 '하나님의 자녀'가 된 것이지요. 하나님은 당신의 자녀가 악인에게 패배해서 천대받는 것을 오랫동안 지켜보지 않으십니다.

오를수록 경계해야 할 교만

교만은 패망의 선봉이요 거만한 마음은 넘어짐의 앞잡이니라.
Pride goes before destruction, a haughty spirit before a fall.
-「잠언」16:18

　∷고교 시절에는 학생과 선생님 사이에 갈등이 있을 수 있습니다. 그런데 선생님 가운데 어떤 분은 자신의 자리와 그 자리가 제공하는 힘을 지나치게 좋아한 나머지 이를 남용하는 분들도 더러 있지요. 미국에서 사립학교를 다녔던 한 학생의 이야기를 관심 있게 들었던 적이 있는데, 바로 이러한 갈등 문제였습니다.

　교장선생님 다음의 지위를 차지한 H선생님과 학생들 사이에는 유독 크고 작은 갈등이 있었다고 해요. 그 선생님은 자신의 힘을 마음껏 휘두르는 데 익숙했던 모양입니다. 저는 그 이야기를 들으면서 그 선생이 대체로 어떤 유형의 사람인지 금세 알아차릴 수 있었습니다. 사회생활하면서 흔히 볼 수 있는 유형으로, 거들먹거리기 좋아하고 자신이 가진 권한을 남용이라 부를 정도로 휘두르기를 좋아하는 사람이지요. 그리고 자기 앞에서 굽실거리는 사람을 좋아하고 자기에 맞서는 사람들은 교묘하게 고립시키기도 하고 때로는 합동작전으로 쫓아내버리기도 합니다. 자기 줄에 서지 않는 사람들을 적으로 간주해버리는 탓에 조직 분위기를 냉랭하게 만들지요.

그렇게 힘을 휘두르는 선생님 앞에서 대부분의 학생들은 고분고분했다고 합니다. 자칫 잘못하면 자신도 피해를 입을 수 있다는 두려움 때문이었습니다. H선생님은 좀 특별한 점이 있었습니다. 프락치라고나 할까요, 자신이 마음대로 움직일 수 있는 학생들을 중간 중간에 심어 놓고 기숙사에서 다른 학생들이 어떤 움직임을 보이는지를 면밀히 관찰하게 했습니다. 그리고 어떤 학생이 작은 잘못으로 어려움에 처하면 협상을 했답니다. 협상 내용인즉 친구의 비행을 알려주면 처벌을 경감시켜주겠다는 것이지요.

이 이야기를 전해준 학생은 H선생님이 부당하다고 생각해서 여러 건을 두고 서로 마찰을 빚었습니다. 그래서 그 선생은 여러 빌미를 갖고 그 학생을 올무에 걸리도록 했지만 용케도 그 학생은 무사히 졸업을 하게 됩니다. 그런데 불과 3년 정도 지난 시점에서 H선생님이 결국 불미스런 사건으로 갑자기 학교를 떠나게 되었다는 소식을 전해들었습니다. 그러고 나서 다시 2년이 지났을 때 H선생님이 심장마비로 돌아가셨다는 소식을 페이스북을 통해 알게 되었다고 해요. 학교를 떠난 이후에 제자와 관련된 사건을 두고 여러 건의 소송을 진행 중이었다고 하니까 아마도 그로 인한 스트레스가 생명을 단축시켰을 것으로 추측했습니다.

잘나갈 때 절대로 교만하지 말아야 합니다. 그런데 자리가 올라가

거나 돈을 많이 벌거나 유명해지면 교만해지는 것이 자연스럽습니다. 특별한 노력을 하지 않으면 생기는 일종의 병이지요. 특히 자본주의 사회에서는 돈을 많이 벌었을 때 교만이 여러분을 방문할 가능성이 높습니다. 돈만 가지면 뭐든 다 할 수 있는 것처럼 착각하기 쉽기 때문입니다.

『구약성경』의 「에스겔」에서는 무역으로 큰돈을 만지면서 교만에 빠진 두로 왕을 생생하게 그리고 있습니다. 무역항이라는 지리적 이점으로 돈을 번 두로 왕은 우선 "나는 신이라. 나는 하나님의 자리 곧 바다 중심에 앉았다"고 말할 정도로 마음의 교만이 생깁니다. 그리고 또 "선지자 다니엘보다 지혜로워서 은밀한 것을 깨닫지 못할 것이 없다"고 말할 정도로 지혜의 교만에도 빠지게 됩니다.

부자가 되면 참으로 조심해야 할 점이 교만입니다. 단지 돈벌이에서 뛰어난 능력을 발휘한 것일 뿐인데 세상만사에 모두 통달한 사람처럼 으스댈 수가 있습니다. 교만은 하나님을 거스르는 큰 죄이기 때문에 하나님은 두로를 철저히 응징하게 됩니다. 불을 내어 사르게 하고 땅 위의 재로 만들어 영원히 일어서지 못하게 합니다.

그래도 심성이 좋은 사람들은 교만을 벗고 낮은 자세를 갖기 위해 노력하지만, 사실상 조금만 방심해도 교만은 겸손을 무찌르고 불쑥불쑥 튀어나옵니다. 인간이기 때문에 어찌할 수 없는 일이지요. 여러분이 정말 잘나가는 분이라면 『성경』 속에서 찾을 수 있는 교만과 관련된 몇 구절을 암송하길 권하고 싶습니다. 이 문장들을 자주 새겨보는 것만으로도 큰 도움을 받을 수 있습니다.

주께서 곤고한 백성은 구원하시고 교만한 자를 살피사 낮추시리이다. - 「사무엘상」 22:28

교만이 오면 욕도 오거니와 겸손한 자에게는 지혜가 있느니라.
- 「잠언」 11:2

미련한 자는 교만하여 입으로 매를 자청하고 지혜로운 자의 입술은 자기를 보전하느니라. - 「잠언」 14:3

마음의 교만은 멸망의 선봉이요 겸손은 존귀의 길잡이니라.
- 「잠언」 18:12

불안이 영혼을 잠식할 때

내 영혼아 네가 어찌하여 낙심하며 어찌하여 내 속에서 불안해 하는가.
너는 하나님께 소망을 두라.
그가 나타나 도우심으로 말미암아 내가 여전히 찬송하리로다.

Why are you downcast, O my soul?
Why so disturbed within me?
Put your hope in God, for I will yet praise him, my Savior.

- 「시편」 42:5

:: 불안에 떨 때가 있습니다. 상황이 기대한 대로 돌아가지 않을 때 이런 저런 걱정들이 끊이질 않습니다. 낙천적인 사람은 불안감을 덜 느낍니다만, 그렇지 않은 사람들은 작은 일에도 불안감을 느끼고는 하지요. 사는 게 늘 미래를 향해 무엇인가를 결정하고 행동하는 일이기 때문에 삶은 불안감과 함께할 수밖에 없습니다. 젊은 날에는 저도 불안을 자주 느끼는 스타일의 인간이었고, 그래서 불안이란 단어는 여전히 제게 생생한 느낌으로 남아 있습니다.

예상한 대로 돌아가지 않는 것이 우리의 삶입니다. 사업이 그렇고, 취업이 그렇고, 전직이 그렇습니다. 그래서 어떤 분은 우리 모두가 좌절의 별에 살고 있다는 말씀을 하기도 합니다. 기대한 대로 일들이 펼쳐지기보다는 그렇지 않을 때가 많다는 이야기입니다. 상황이 어려워지면 누구든지 더 이상 희망을 찾을 수 없다는 생각이 들기도 합니다. 친한 친구나 지인들로부터 도움을 받으려 해도 극심한 불안감과 두려움이 엄습할 때는 아무 이야기도 귀에 들어오지 않습니다.

인간의 고통 문제와 그 해결책을 담은 「욥기」를 보면 계속되는 고통 속에 낙담하는 욥의 모습이 생생하게 그려져 있습니다. 의인이던 욥이 그의 소유물과 자녀, 부인을 잃고 심지어는 자기 자신까지도 자기를 버린 듯한 한계상황에 처해 이렇게 한탄하는 대목이 나옵니다. "나에게는 평온도 없고 안일도 없고 휴식도 없고 다만 불안만이 있구나."(「욥기」 3:26)

얼마나 상황이 어려웠던지 의인 욥은 자신의 생일을 저주하기도 하고, 자신을 낳아준 부모를 원망하기도 하며, 심지어 죽은 자를 부러워하기도 합니다. 욥은 "어찌하여 내가 태에서 죽어 나오지 아니했던가. 어찌하여 내 어미가 낳을 때 내가 숨지지 아니했던가"(욥기 3:11)라고 자신의 처지를 한탄합니다.

이렇듯 힘든 상황에 처했을 때 우리는 어떻게 해야 하는 것일까요? 『성경』은 극한 상황으로 말미암아 불안과 낙담에 빠진 사람이 해야 할 일에 대해 말씀하십니다. 위에 소개한 「시편」 42장 5절은 불안에 대한 처방입니다. 불안이 엄습할 때야말로 하나님과 대화를 시작해야 할 시간입니다. 이때 손쉽게 시작할 수 있는 일은 불안감과 관련된 핵심 문장 하나를 붙잡고 묵상을 시작하는 일입니다. 깊이 생각하는 일이지요. 기도라는 단어가 부담스러우면 깊은 묵상만으로도 충분합니다. 여러분의 묵상에 대해 하나님은 응답하실 것을 약속하고 있습니다.

너는 내(여호와)게 부르짖으라. 내가 네게 응답하겠고 네가 알지 못하는 크고 은밀한 일을 네게 보이리라.(Call to me and I will answer you and tell you great and unsearchable things you do not know.) - 「예레미야」 33:3

깊은 묵상과 간절한 기도가 응답을 받게 될 것이라고 『성경』은 여러 곳에서 약속하고 있습니다. 그리고 또 한 가지, 이 말씀을 잊지 않는다면 큰 도움을 받을 수 있습니다. "주는 그리스도요. 살아 있는 하나님의 아들이십니다."(「마태복음」 16:16)

예수님은 우리들이 갖는 모든 문제의 해결자로 이 땅에 오셨습니다. 우리는 그분을 구주로 영접함으로써 우리의 모든 문제를 해결할 수 있습니다. 다음 말씀을 묵상하시기 바랍니다. "지금까지는 너희가 내 이름으로 아무것도 구하지 아니하였으나 구하라 그리하면 받으리라. 너희 기쁨이 충만하리라."(「요한복음」 16:24) "내가 너희에게 뱀과 전갈을 밟으며 원수의 모든 능력을 제어할 권능을 주었으니 너희를 해칠 자가 결코 없으리라."(「누가복음」 10:19)

믿는 자가 되는 순간 여러분은 흑암세력이 여러분을 어찌할 수 없는 힘과 능력을 갖게 됨을 상기하시고 예수님의 이름으로 구하시기 바랍니다. 어떠한 한계 상황에서도 불안과 낙심을 극복하고 일어서는 데 성공하실 것입니다.

끝으로 불안감을 극복하는 실용적인 방법을 한 가지 더 소개하겠습니다. 여러분이 지금 서 있어야 할 자리를 꼭 지키시라는 것입니다. 불안감 때문에 그 자리를 떠나서 여기저기 기웃거리지 않도록 하시기 바랍니다. 그리고 지금까지 해오던 일이나 해야 하는 일을 계속하시기 바랍니다. 그것도 그냥 하는 것이 아니라 더 열심히, 더 잘하기 위해 노력하시기 바랍니다. 마치 내일이 없는 사람처럼 오늘 그리고 지금 이 순간에 여러분이 할 수 있는 모든 것을 다하시기 바랍니다.

한편으로는 열심 속에서 길을 찾고 또 다른 한편으로는 복음 속에서 길을 찾아보시기 바랍니다. 얼마든지 동시 진행이 가능합니다. 새벽의 여명처럼 길이 서서히 열릴 것입니다.

피곤을 넘어 달음박질치는 힘

오직 여호와를 앙망하는 자는 새 힘을 얻으리니
독수리가 날개 치며 올라감 같을 것이요 달음박질하여도 곤비하지 아니하겠고
걸어가도 피곤하지 아니하리로다.

Those who hope in the LORD will renew their strength.
They will soar on wings like eagles; they will run and not grow weary,
they will walk and not be faint.

- 「이사야」 40:31

:: 신앙에 대해 관심을 갖기 시작할 즈음부터 저는 예배당을 찾기에 앞서 인터넷을 통해 설교를 집중적으로 듣기 시작했습니다. 스마트폰은 이런 용도로는 최고의 도구였습니다. 스마트폰을 통해 다양한 목회자의 설교를 들으면서 저는 이 시대에 태어난 것에 대해 감사하고 또 감사했습니다. 언제 어디서나 설교를 들을 수 있었고 한 분이 아니라 여러분의 목회를 집중적으로 들을 수 있었기 때문입니다. 저는 마치 스펀지처럼 『성경』의 지식과 지혜를 빨아들였습니다.

저 또한 강연하는 사람 입장에서 몇몇 목회자의 설교는 그 열정과 능력에 감탄사가 흘러나오지 않을 수 없었습니다. 마치 봇물이 터져 나오듯이 쏟아지는 다양한 설교는, 그것도 한두 해도 아니고 오랜 시

간에 걸쳐서 쉼 없이 새로운 설교를 할 수 있다는 것은 엄청난 능력이라고 생각했습니다. 그리고 이것은 단지 설교 능력이라고 간주할 수 있는 것이 아니라고 생각했습니다.

지치지 않고 주옥같은 설교를 계속할 수 있는 그 힘은 대체 어디로부터 나오는 것일까요? 오랜 기간에 걸쳐 빡빡한 일정을 소화해야 함에도 불구하고 계속해서 새로운 콘텐츠를 내놓을 수 있는 힘은 어디에서 나오는 것일까요? 어떤 방법으로 저렇게 지치지도 않고 피곤도 느끼지 않는 것일까요?

「이사야」 40장에서 그 비밀을 이야기하고 있습니다. '여호와를 앙망하는 자'는 특별한 힘을 얻는다는 사실을 말입니다.

> 너는 알지 못했느냐 듣지 못했느냐 영원하신 하나님 여호와, 땅끝까지 창조하신 이는 피곤하지 않으시며 곤비하지 않으시며 명철이 한이 없으시며, 피곤한 자에게는 능력을 주시며 무능한 자에게는 힘을 더하시나니, 소년이라도 피곤하며 곤비하며 장정이라도 넘어지며 쓰러지되. – 「이사야」 40:28-30

이렇듯 하나님은 '피곤한 자에게는 능력을 주시는' 분임을 증거하고 있습니다. 「시편」에서는 이렇게 말합니다. "나의 모든 근원이 그분에게 있다."(「시편」 87:7)

왕성하게 활동하는 목회자들은 깊은 기도를 통해 하나님으로부터 피곤치 않을 수 있는 에너지를 공급받고 있습니다. 목회자들이 그러하다면 믿는 자들 역시 깊은 기도로써 하나님으로부터 그런 에너지를 공급받을 수 있습니다. 고난에 처한 요나 선지자는 자신이 기도로써 피곤함을 극복했음을 이렇게 표현합니다. "내 영혼이 내 속에서 피곤할 때에 내가 여호와를 생각했더니 내 기도가 주께 이르렀사오며 주의 성전에 미쳤나이다."(「요나」2:7)

피곤할 때 그저 몸이 휴식하는 일을 취하기보다 하나님과 대화하는 일을 해보면 어떨까요? 꼭 필요하거나 마음에 드는 말씀을 붙잡고 그분과 대화를 나눠보세요.

저는 비교적 실험정신이 강한 편입니다. 생수처럼 펑펑 쏟아져 나오는 목회자 분들 목회를 보면서 저도 한 가지 실험을 해보았습니다. 새벽에 일어나면 꼭 집중기도 시간을 갖는 일입니다. 타임워치를 켜놓고 기도에 들어갑니다. 이 일을 거듭하면서 저는 영적인 힘의 실체를 분명히 확인할 수 있었습니다.

그런 확신을 갖게 되자마자 저는 필수불가결한 인생 목록에 새벽 기도를 포함시켰습니다. 하루 중 가장 귀한 시간인 새벽 시간을 하나님과의 대화로부터 시작하는 겁니다. 저는 무엇이든 좋은 것이라면 그리고 귀한 것이라면 자신을 더 나은 버전으로 만들어가기 위해 적극적으로 활용해야 한다는 생각을 갖고 있습니다.

참 휴식을 취하는 법

수고하고 무거운 짐 진 자들아 다 내게로 오라.
내가 너희를 쉬게 하리라.

Come to me, all you who are weary and burdened, and I will give you rest.

– 「마태복음」11:28

:: 왜 주님은 우리에게 '다 내게로 오라'고 하시는 것일까요? 우리가 고민하고 있는 문제를 해결해주시기 위해서입니다. 사람들이 저마다 갖고 있는 문제들은 다르지만 그 결과는 비슷비슷할 것입니다. 높은 자리에 있는 사람이건 큰 부를 가진 사람이건 많은 것을 성취한 사람이건 근근이 사는 사람이건 간에 모두가 참된 안식을 얻기 힘들다는 것이지요.

여러분은 어떠신가요? 휴가지에서 혹은 일상생활에서 참된 쉼을 누릴 수 있나요? 예수님이 우리에게 약속하는 것은 믿는 자는 언제 어디서나 몸과 마음을 모두 쉴 수 있게 해주시겠다는 것입니다. 참된 안식을 취하는 방법을 이렇게 말씀하십니다.

나는 마음이 온유하고 겸손하니 나의 멍에를 메고 내게 배우라. 그리하면 너희 마음이 쉼을 얻으리니 이는 내 멍에는 쉽고 내 짐은 가벼움이라 하시니라. - 「마태복음」 11:29-30

믿는 자는 모두 예수님의 제자들로, 배우는 자이자 훈련받는 자들입니다. 멍에는 두 마리의 소가 함께 지는 것이지요. 예수님은 혼자서 멍에를 메지 말고 당신과 함께 메라고 권하십니다. 즉 "애야, 나와 함께 멍에를 메자! 그러면 한결 쉽단다. 너는 내가 가는 대로 따라오기만 하면 된단다." 이렇게 말씀하시는 겁니다.

정말 영혼과 영혼구원을 중요하게 여긴다면 예수님과 함께 멍에를 짊어질 각오를 하고 자신의 귀한 부분을 영혼이 훈련받는 데 사용해야 할 것입니다. 제가 지금 쓰고 있는 이 책도 주님과 함께 멍에를 지는 과정에서 영혼을 훈련받기로 자청한 것일 수도 있습니다. 진정한 그리스도인이라면 영적인 훈련 과정이 있어야 한다고 봅니다. 신앙을 통해서 온갖 것을 누린다면 당연히 그것을 능가하는 비용을 지불해야 하는 것이지요.

모세는 가나안을 향한 험난한 여행길에서 하나님께 자신들과 함께 동행해달라고 간절히 기원합니다. 그러자 하나님은 이렇게 약속을 주십니다. "여호와께서 이르시되 내가 친히 가리라. 내가 너를 쉬게 하리라."(「출애굽기」 33:14)

참된 안식을 주시겠다는 약속이지요. 사람이 휴식을 취하는 방법에는 여러 가지가 있습니다. 하지만 이들 가운데서도 가장 강력한 방법은 주의 율법을 주야로 묵상하는 방법일 것입니다. 사실상 이것은 언제 어디서나 휴식을 취할 수 있는 방법입니다. "복 있는 사람은 오직 여호와의 율법을 즐거워하며 그의 율법을 주야로 묵상하는도다."(「시편」1:2)

참된 휴식을 제공할 수 있다는 점에서 『성경』은 아주 특별한 책입니다. 그런데 그 참된 휴식을 혼자서만 누려야겠습니까?

가을비가 내리는 저녁에 단골 이발소에 들렀습니다. 의자에 앉아마자 오랫동안 일해오던 아주머니가 이제 일을 그만둔다고 작별인사를 하시네요. 그래서 제가 물어보았습니다. 사는 게 어떻게 좀 편안하신지 말입니다. 돌아온 답은 부정적이었습니다. 저는 "예수님을 믿으세요. 그러면 진정한 안식을 얻을 수 있습니다"라고 진심을 다해 전도를 시작했습니다.

믿음을 통해 안식을 얻은 사람은 자신만 안식을 누리는 것에 머물러서는 안 됩니다. 스스로 믿는 자가 되어 안식을 얻고 있다고 확신한다면, 그다음에 해야 할 일은 무엇일까요? 그것은 타인에게도 안식을 얻는 방법을 전하는 일입니다. "여러분, 지금 안식을 누리는 삶을 살아가고 계십니까?" 이렇게 제가 물었을 때 단호하게 "그렇다"는 답을 하지 못하고 주저주저하신다면 이 책이 여러분에게 큰 도움이 될 수 있을 것입니다.

마음의 중심이 있는 삶

보라 처녀가 잉태하여 아들을 낳을 것이요 그의 이름은 임마누엘이라
하리라 하셨으니 이를 번역한즉 하나님이 우리와 함께 계시다 함이라.
"The virgin will be with child and will give birth to a son, and they will call
him Immanuel" which means, "God with us."

– 「마태복음」 1:23

:: '임마누엘'은 하나님께서 우리와 함께 계시다는
뜻입니다. 『구약』의 「이사야」에는 임마누엘이 두 번 등장하는데, 하
나님은 이사야 선지자를 통해서 원수들과 대치하고 있는 유다왕 아
하즈(기원전 736~716)에게 구원의 표징으로 임마누엘이라는 아이를
보낼 것임을 약속한 바 있습니다. "처녀가 잉태하여 아들을 낳고 그
이름을 임마누엘이라 하리라."(「이사야」 7:14)

「마태복음」의 저자는 예수의 탄생을 하나님의 약속이 실현된 것으
로 받아들였고, 예수에게서 하나님이 약속한 바로 그 임마누엘을 보
았습니다.

믿는 자가 되면 누릴 수 있는 큰 축복 가운데 하나가 임마누엘의 축
복입니다. 믿는 자가 되면 언제 어디서나 외로움을 느끼지 않고 강하

고 담대하게 살아갈 수 있는 것은 임마누엘의 축복 덕분입니다. 그것은 말로 표현하기 힘든 든든함, 자기 확신, 긍정의 심리 등과 같은 것으로 언제 어디서나 변함없이 하나님이 자신과 함께하고 있음을 느끼는 축복입니다.

혼자서 험난한 인생길을 걸어간다고 생각하는 삶과 언제 어디서나 하나님이 함께하신다고 생각하는 삶 간에는 큰 차이가 있습니다. 늘 그분이 함께하신다는 믿음은 든든함 그 이상을 우리에게 가져다줍니다.

성경 속에서 믿음이 튼실했던 인물들에게는 어김없이 뚜렷한 특징이 있습니다. 그들은 언제 어디서나 하나님이 함께한다는 것을 굳게 믿었고 이로 말미암아 큰 축복을 누렸습니다. 『성경』에서 튼실한 믿음으로 하나님의 축복을 차고 넘치도록 받았던 대표적인 인물들이 '남은 자Remnant' 7인이었습니다. 요셉, 모세, 사무엘, 다윗, 엘리야, 엘리샤, 이사야, 바울입니다.

이들은 모두 하나님과 동행하면서 누렸던 복음의 축복으로 『성경』에 굵직한 족적을 남긴 분들입니다. 모두 신앙이 돈독했던 분들이었습니다. 이들은 고난 중에서도 늘 하나님과 함께했고 이로 말미암아 모든 일이 형통하게 되는 축복을 누리게 됩니다. 뿐만 아니라 하나님은 이들 한 사람 한 사람을 통해서 한 시대를 살렸습니다.

> 여호와께서 요셉과 함께하시므로 그가 형통한 자가 되어
> ─「창세기」 39:2

여호와께서 사울을 떠나 다윗과 함께 계시므로 사울이 그를 두려워한지라. -「사무엘상」 18:12

여호와께서 여호수아와 함께하시니 여호수아의 명성이 그 온 땅에 퍼지니라. -「여호수아」 6:21

네 평생에 너를 능히 대적할 자가 없으리. 내가 모세와 함께 있었던 것같이 너와 함께 있을 것임이니라. 내가 너를 떠나지 아니하며 버리지 아니하리니. -「여호수아」 1:5

믿는 자가 되면 여러 가지 변화가 일어나는데, 이 가운데 하나가 어려움을 만나더라도 담대하게 나아갈 수 있게 되는 것입니다. 믿음, 온유, 절제, 사랑, 기쁨 등과 같은 성령의 열매를 누릴 수 있는 것 또한 하나님이 늘 함께하신다는 믿음 때문일 것입니다. 그리고 무슨 일이든 단기적으로 보면 그것이 위기로 느껴지더라도 장기적으로 보면 만사는 형통해지는 겁니다.

저는 신앙생활이 점점 성장한다는 것은 임마누엘의 축복을 제대로 누리는 일이라 생각합니다. "늘 하나님과 함께한다Always be with God"는 것이 내 안에서 사무치는 것이지요.

이를 다르게 말하면 삶의 무게 중심이 인간 중심에서 하나님 중심으로 옮겨가는 것이라고 생각합니다. 인간이기에 완전한 하나님 중심의 삶이 가능하기까지는 무척 오랜 시간이 걸릴 수도 있지만 그렇게 되려고 노력하는 자체 그리고 노력해가는 과정 자체가 중요하다고 생각합니다.

　제 경우에는 『성경』 듣기와 읽기, 말씀이 잘 들리는 목회자 찾기, 목회 집중적으로 듣기, 예배참석, 새벽기도, 무시기도, 주일 지키기, 『성경』 공부하기, 『성경』에 대한 책 쓰기 등의 순서로 마치 주춧돌을 깔듯이 하나하나 삶의 무게 중심이 개인으로부터 하나님으로 이동해왔습니다. 제가 보기에도 참으로 신기한 일입니다. 일 년 전만 하더라도 도저히 상상할 수 없었던 변화니까요. 그리고 지금은 늘 하나님이 저와 함께하심을 느낍니다. 여러분도 임마누엘의 축복으로 만사형통하시길 기도합니다!

피난처와 요새가 있는 삶

여호와는 나의 빛이요 나의 구원이시니 내가 누구를 두려워하리오.
여호와는 내 생명의 능력이시니 내가 누구를 무서워하리오.
여호와께서 환난 날에 나를 그의 초막 속에 비밀히 지키시고
그의 장막 은밀한 곳에 나를 숨기시며 높은 바위 위에 두시리로다.

The LORD is my light and my salvation - whom shall I fear?
The LORD is the stronghold of my life - of whom shall I be afraid?
For in the day of trouble he will keep me safe in his dwelling;
he will hide me in the shelter of his tabernacle and set me high upon a rock.

– 「시편」 27:1,5

:: "무엇이든 내 힘으로 다 잘할 수 있다."

이런 생각은 정신 건강에 좋은 일이지요. 대다수 자기계발서가 이런 주장을 펼칩니다. 그런데 살짝 다르게 생각해보시기 바랍니다. 정말 모든 것을 당신이 통제할 수 있다고 생각하세요? 이런 질문에 단호하게 '그렇다'라고 답할 수 있는 분은 드물 것입니다.

제가 믿음 문제를 진지하게 고민하게 된 데는 세월이 가르쳐준 피할 수 없는 진실의 영향이 컸습니다. 즉 '세상에는 자신이 통제할 수 없는 영역이 무척 크다'는 것입니다. 그런데 무엇이든 내가 다 할 수 있다고 생각하는 분들에게는 믿음의 씨앗이 뿌려지기가 쉽지 않습니다. 한번은 북한에서 내려온 인텔리 분과 대화를 나누던 중에 그분이 이런 말씀을 하시더군요.

"북한에서는 모든 것을 인간의 힘으로 다 할 수 있다고 생각하도록 교육을 받았는데, 예배당을 나가면서 지금까지 교육받았던 것과는 달리 나 자신이 너무 미약하니까 하나님께 모든 것을 아뢰고 맡기라고 하는 말씀에서 갈등이 컸습니다. 지금도 이 문제에 대해 고민하고 있습니다."

이해하고도 남습니다. 그러나 그들이 만든 주체사상은 통치를 위해 인간이 만든 이데올로기일 뿐 바른 사상이 아닙니다. 이분도 시간이 지나면서 분명 하나님의 은혜를 입는 쪽으로 생각을 고쳐먹게 될 것입니다.

앞에서 소개한「시편」27편 구절은 환난으로부터 우리를 보호하시는 하나님을 증거하고 있습니다. 외부 위협이 신체적인 것이든 경제적인 것이든 상관없이 믿는 자를 보호하시겠다는 약속의 말씀입니다. 「시편」의 또 다른 부분에서 다윗은 하나님이 자신의 피난처이자 요새가 될 수 있음을 말하고 있습니다.

> 나는 여호와를 향하여 말하기를 그는 나의 피난처요 나의 요새요 내가 의뢰하는 하나님이라 하리니 그가 내게 간구하리니 내가 그에게 응답하리라. 그들이 환난당할 때에 내가 그와 함께하여 그를 건지고 영화롭게 하리라. 내가 그를 장수하게 함으로 그를 만족하게 하며 나의 구원을 그에게 보이리라 하시도다.
> -「시편」91:2, 15, 16

다윗의 하나님은 믿는 자 모두의 하나님이십니다. 다윗이 하나님에게 보호를 간구한 것처럼 믿는 자는 모두 하나님이 주신 약속의 말씀을 붙잡고 하나님의 보호를 구할 수 있습니다. 어려움에 처해 있다면 다음 하나님 말씀을 붙잡고 묵상하시기 바랍니다.

> 나의 하나님이 그리스도 예수 안에서 영광 가운데 그 풍성한 대로 너희 모든 쓸 것을 채우시리라.(And my God will meet all your needs according to his glorious riches in Christ Jesus.)
>
> -「빌립보서」 4:19

이 시대는 예수님의 이름으로 얼마든지 보호를 구할 수 있는 시대입니다. 『구약』의 시대는 하나님에게 직접 구하는 시대였고 『신약』의 시대는 예수님의 이름으로 하나님께 구할 수 있는 시대입니다. 예수님이 우리를 위해 중보자 역할을 하시는 시대이지요.

얼마 전에 종북 활동으로 구속된 한 의원에 관한 기사를 읽었습니다. 미국 유학 중인 아들에게 주체사상을 철저히 공부하라는 메시지를 카카오톡에 남겼다고 하더군요. 저는 그때 "아, 이분이 종북 관련 확신범이구나." 하는 생각을 했습니다. 그렇다면 저는 공부하는 아들에게 카카오톡이나 메일로 무슨 이야기를 자주 하겠습니까?

"아버지가 살아보니까 자기 힘으로 모든 것을 다 잘할 수는 없더구나. 그리고 잘될 수도 없고. 그러니 하나님 말씀을 가까이 하고 하나님과 함께하는 삶을 살아가야 한다."

이런 메시지를 자주 보냅니다. 모든 것을 다 내 힘으로 할 수 있다고 믿었던 젊은 날의 저를 생각하면 엄청난 변화인 셈입니다. 저는 고

집을 피우지 않습니다. 좋은 것이라면 그리고 꼭 필요한 것이라면 언제든지 새로운 것을 받아들일 준비가 되어 있는 사람입니다. 지금도 그렇지만 세월이 흘러 노년이 되더라도 좋은 것을 받아들이는 저의 특성은 변함이 없기를 기도합니다.

패역의 입, 그 '혀'를 가두라

입과 혀를 지키는 자는 자기의 영혼을 환난에서 보전하느니라.
죽고 사는 것이 혀의 힘에 달렸나니
혀를 쓰기 좋아하는 자는 혀의 열매를 먹으리라.
마음이 굽은 자는 복을 얻지 못하고 혀가 패역한 자는 재앙에 빠지느니라.

He who guards his mouth and his tongue keeps himself from calamity.
The tongue has the power of life and death, and those who love it will eat its fruit.
A wicked man listens to evil lips; a liar pays attention to a malicious tongue.

– 「잠언」21:23, 18:21, 17:4

:: 믿음을 갖게 되면 자신이 보기에도 놀라울 정도로 온유해집니다. 말도 그렇고 행동도 그렇습니다. 믿음을 가지기 전이라면 화를 내었을 법한 상황에서도 상대방을 긍휼히 여기게 되는데, 이는 성격이 괄괄했던 사람이라면 참으로 신기하게 생각되는 부분입니다. 『성경』은 온유함을 성령의 열매라고 말합니다. 사실 온유함은 자신의 노력이기보다는 하나님 즉 성령의 도움으로 일어나게 된다는 것이지요.

온유하게 행동하고 말하려고 인간적으로 노력하는 것도 좋습니다. 그러나 아무리 노력한다 해도 번번이 그 노력이 수포로 돌아가는 경우를 자주 보게 되지 않나요? 그러니까 화내지 말자고 굳게 결심하더라도 분노할 상황이 발생하면 자신도 모르게 어느새 상대방에게 심한 말을 내뱉게 됩니다.

지인들 중에서 말 때문에 직위에서 낙마하는 사람도 보았고, 사회적으로 알려진 사람들 가운데서도 말실수 때문에 어려움을 겪는 사람을 보았습니다. 또한 여러 대중을 상대하는 강연자 가운데서도 본인은 크게 의식하지 않았지만 평소에 상대방을 공격하는 듯한 말투 때문에 공격받는 사람들도 보았습니다. 그들도 노력은 했겠지만 잘 안 되었던 것입니다.

하지만 여러분이 믿음을 갖게 되면 자연스럽게 온유함이 몸과 마음 전체를 감싸게 됩니다. 믿음이 조금씩 깊어지면 깊어질수록 입에서 이따금 흘러나왔던 험한 말도 차츰 자취를 감추게 되지요. 인간이 속성상 완전함과는 거리가 먼 존재인지라 믿음 이후에도 이따금 험한 말들이 나올 수도 있습니다. 그러나 그 빈도나 강도 면에서는 확연히 줄어든 것을 알게 됩니다. 『성경』에는 혀와 관련해서 많은 권면이 주어집니다.

칼로 찌름같이 함부로 말하는 자가 있거니와 지혜로운 자의 혀는 양약과 같으니라. 지혜 있는 자의 혀는 지식을 선히 베풀고 미련한 자의 입은 미련한 것을 쏟느니라. 온순한 혀는 곧 생명 나무이지만 패역한 혀는 마음을 상하게 하느니라. - 「잠언」 12:18, 15:2, 4

너희 말을 항상 은혜 가운데서 소금으로 맛을 냄과 같이 하라. 그리하면 각 사람에게 마땅히 대답할 것을 알리라. - 「골로새서」 4:6

여러분이 여러분에게 맞서는 사람에게 하고 싶은 말이 열 가지가 있다면 그것을 한두 가지 정도로 줄이고 나머지는 그냥 가슴에 담아 두는 것이 좋습니다. 그것도 강도 면에서 5정도로 강하게 말하고 싶다면 이 또한 1이나 2 정도로 약하게 말하는 것이 좋습니다. 살면서 하고 싶은 말을 하고 싶은 대로 다 하고 살아서는 안 된다는 이야기지요. 모두가 세월이 흐르면 후회나 혹은 부끄러움으로 남는 일입니다.

믿는 자가 되면 이처럼 말을 부드럽게 하고 표정을 부드럽게 갖는 일이 노력하지 않더라도 자연스러워집니다. 이것은 성령 충만의 결과물이기 때문입니다. 성령 충만을 받기 위해서 특별한 행동을 요구하는 교파도 있습니다만, 저는 복음에 대한 정확한 이해, 주도적인 『성경』 공부 그리고 묵상 등만으로 얼마든지 성령 충만의 축복을 누릴 수 있다고 봅니다. 예수님은 승천 전에 성령 충만과 이로 인한 권능을 약속하셨습니다.

> 오직 성령이 너희에게 임하시면 너희가 권능을 받고 예루살렘과 온 유대와 사마리아와 땅끝까지 이르러 내 증인이 되리라 하시니라. - 「사도행전」 1:8

그런데 잊지 말아야 할 것이 한 가지 있습니다. 성령 충만을 구하는 목적은 세속적으로 잘 먹고 잘살기 위함이 아니라는 사실입니다. 대부분 종교생활의 목적을 자신의 유익을 위해 복을 구하는 기복祈福에 두는데 이는 잘못입니다. 성령 충만의 목표는 좋은 소식, 즉 복음을 땅끝까지 전하는 일을 더 잘하기 위함입니다. 여러분이 묵상이나 기도로 성령 충만을 구하신다면 반드시 이렇게 기도하셔야 합니다.

"주님, 제가 성령 충만으로 하나님 나라를 확장하는 일에 더 큰 역할을 할 수 있습니다. 저의 탤런트를 한껏 발휘할 수 있도록 성령 충만하게 해주시옵소서."

세월을 아끼라

외인에게 대해서는 지혜로 행하여 세월을 아끼라.
Be wise in the way you act toward outsiders; make the most of every opportunity.
– 「골로새서」 4:5

:: 젊은 날에는 젊음이 오래오래 갈 것처럼 보이지만 그 시절은 금방 가버립니다. 하지만 지금 청춘을 누리는 세대에게 이 말은 '아, 그런가보다.' 하고 여겨질 뿐, 가슴으로 절절이 다가오지는 않습니다. 직접 체험해보기 전에는 말입니다. 그래서 책으로 얻을 수 있는 지식이 있고 직접 체험을 통해서 얻을 수 있는 지식이 있지요. 체득體得이란 말처럼 말입니다. 단 현명한 자는 직접 체험해보기 전에 타인의 삶이나 글을 통해서도 제대로 얻는 바가 있을 것입니다.

성경에서는 세월을 '달리는 자'나 '날아내리는 독수리'로 묘사하고 '날아가는 것'처럼 빠르게 달아나버린다고 말합니다.

나의 날이 달리는 자보다 빨리 사라져버리니 복을 볼 수 없구나.

그 지나가는 것이 빠른 배와 같고 먹이에 날아내리는 독수리와도 같구나. - 「욥기」 9:25-26

그들(인생)은 잠깐 자는 것 같으며 아침에 돋는 풀 같으니이다. 풀은 아침에 꽃이 피어 자라다가 저녁에는 시들어 마르나이다. 우리의 연수가 칠십이요 강건하면 팔십이라도 그 연수의 자랑은 수고와 슬픔뿐이요 신속히 가니 우리가 날아가나이다.

- 「시편」 90:5-6, 10

자신의 삶이 유한하다는 것 그리고 젊음이 짧다는 것을 알기에 사람은 어떻게 살아야 하는가라는 질문을 스스로 던지고 답을 구하게 됩니다. 그 답은 '세월을 아끼라'는 것이지요. 원문을 충실히 해석하면 '기회를 충분히 활용하라'는 것입니다.

여러분은 자신에게 주어진 모든 기회를 충분히 활용하고 계신가요? 덧없는 활동을 줄이고 자신이 꼭 해야 하는 일 그리고 잘해야 하는 일에 시간과 집중력을 높이는 일이 현명한 인생의 길입니다. 『성경』은 어떻게 사는 것이 올바른 삶인가에 대해서 이런 답을 제시합니다.

그런즉 너희가 어떻게 행할 것을 자세히 주의하여 지혜 없는 자같이 말고 오직 지혜 있는 자같이 하여 세월을 아껴라. 때가 악하니라. 그러므로 어리석은 자가 되지 말고 오직 주의 뜻이 무엇인가 이해하라. - 「에베소서」 5:15-17

우리 인생은 야곱이 묘사했듯이 '나그네 길'입니다. 어떤 길을 갈지, 무엇을 추구할지 그리고 어떤 태도와 마음가짐으로 살아갈지는 모두 각자가 선택하게 됩니다. 어떤 선택을 하더라도 후회가 없거나 적어야 할 것입니다. 직업적 성취, 인격적 성취, 가정적 성취 등 여러 가지를 추구해 나가면서도 『성경』이 우리에게 주는 조언을 잊지 말아야 합니다. 즉 하나님이 우리를 죄로부터 구원하신 목적은 우리로 하여금 "선한 일을 열심히 하는 자기 백성이 되게 하려 하심이라"(「디도서」 2:14)는 말씀 말입니다.

세상사에서 추구할 만한 값어치가 있는 것을 추구하면서도 그 모든 활동의 기초에 "여호와를 경외하는 것이 지식과 지혜의 근본(출발)이다"(「잠언」 1:7, 9:10)라는 점을 잊지 않아야 합니다. 인생 후반전에 이를 깨닫거나 고난을 당하고 나서 깨닫기보다는 청년 시기부터 이를 깨우치고 자신의 삶의 기초로 삼는다면 이보다 더 복되고 지혜로운 삶이 어디 있겠습니까? 여러분이 그런 축복받는 분이 되시길 기도합니다!

겸손은 성장을 낳는다

아무 일에든지 다툼이나 허영으로 하지 말고
오직 겸손한 마음으로 각각 자기보다 남을 낫게 여기고.

Do nothing out of selfish ambition or vain conceit,
but in humility consider others better than yourselves.

– 「빌립보서」 2:3

   :: 이 땅에 살면서 저는 자주 '겸손'에 대해 생각해
볼 기회가 있습니다. 우리 사회에서 어떤 논쟁이 벌어진다고 해보세
요. 논쟁에서는 자연스럽게 좌우로 진영이 갈리게 되고 서로 틀린 점
을 지적하게 됩니다. 이때 우리는 어떤 태도를 취해야 할까요?

여러분과 저는 생업에 가장 많은 시간을 투입해왔고 현재 투입하
고 있습니다. 따라서 지금 한창 사회적으로 논쟁이 되고 있는 사안에
대해서 그 내막을 속속들이 알 수 없는 경우가 대부분입니다. 비교적
폭넓은 독서를 하는 사람도 자신의 전문 분야가 아니라면 다른 분야
를 자세히 알기는 힘듭니다. 전문가들이 내는 의견조차도 상당 부분
은 가설이나 추측이지요.

그러니까 해당 분야 전문가가 아니라면 주장이나 의견을 내지 말

자는 것이 아닙니다. 누구든 자신의 주장을 펼칠 때는 나의 주장이 틀릴 수도 있음에 대해 마음의 문을 활짝 열어두어야 한다는 것입니다. 나와 다른 의견이라고 해서 무조건 그것이 틀렸다고 이야기해서는 안 됩니다. 해당 전문가조차도 자신의 분야를 잘 알 수 없을 때가 많은데 하물며 자신이 비전문가라면 더 말할 필요가 없기 때문입니다. 내가 유명한 의사라고 해서 일반 사회 문제에서도 확신 있는 주장을 펼칠 수는 없는 일입니다. 변호사도 그렇고 사업가도 그렇고 엔지니어도 그렇습니다.

그런데 한국 사회는 '나와 다른 것은 틀렸다'는 의견이 지배적입니다. 그래서 논쟁이 벌어지면 자신의 선입견이나 고정관념을 지지하는 정보만을 취사선택하면서 더욱 더 견고한 의견으로 무장한 채 상대방을 무찌르기 위해 출정하는 병사처럼 전의에 불타오릅니다. 그래서 늘 사회가 시끄럽고 갈등의 양상이 공격적입니다.

믿는 사람이라면 이런 일을 어떻게 받아들여야 할까요? 믿는 자는 예수님을 닮아가는 사람입니다. 예수님의 마음과 태도를 딱 한 단어로 정리하면 '겸손'입니다. 이 겸손에는 마음의 겸손, 생각의 겸손, 지식의 겸손, 영혼의 겸손 그리고 능력의 겸손 등이 모두 포함됩니다. 겸손한 마음이야말로 예수님의 마음입니다. 「잠언」을 읽다가 제가 퍽 신기하게 생각한 대목은 여호와를 경외하는 것보다도 앞서 놓인 겸손이란 단어입니다. 이처럼 『성경』은 겸손을 중요하게 여기고 있고 아울러 하나님은 겸손에 대해 무한한 보상을 약속하고 계십니다.

겸손과 여호와를 경외함의 보상은 재물과 영광과 생명이니라.

－「잠언」 22:4

'겸손humility'이라는 단어는 라틴어 '후무스humus'에서 나왔습니다. 흥미로운 점은 후무스가 색이 짙고 영양분과 유기질이 듬뿍 포함되어 있는 흙을 뜻한다는 사실입니다. 여러분이 이렇게 풍성한 흙을 갖고 있다고 해보세요. 나날이 성장할 것입니다. 겸손은 성장을 낳습니다. 성장은 성취와 기쁨 그리고 행복을 낳습니다. 여러분이 성장하길 간절히 원하신다면 무조건 겸손해야 합니다.

예수님은 우리들에게 "너희 안에 이 마음을 품어라 곧 그리스도 예수의 마음이니"(「빌립보서」 2:5)라고 당부하셨습니다. 예수님의 마음은 곧바로 겸손한 마음입니다. 예수님을 닮아가는 것은 점점 자신을 낮추는 것이고 이를 배워가는 것입니다.

믿어지는 것이 혁명이다

내 지체 속에서 한 다른 법이 내 마음의 법과 싸워
내 지체 속에 있는 죄의 법으로 나를 사로잡는 것을 보는도다.
오호라 나는 곤고한 사람이로다. 이 사망의 몸에서 누가 나를 건져내랴.

But I see another law at work in the members of my body,
waging war against the law of my mind and making me a prisoner of the law
of sin at work within my members. What a wretched man I am!
Who will rescue me from this body of death?

- 「로마서」7:23-24

:: 무언가 잘해보려고 하지 않는 사람은 없을 겁니
다. 다들 잘해보려고 하지요. 직업, 공부, 생활 등 어느 것에서나 새로
운 것을 배워서 잘못된 것을 고쳐보려 하지만 이것이 며칠을 가지 못
합니다. '작심삼일作心三日'이란 옛말처럼 사람이 생각보다 새로워지
기가 힘듭니다. 이때 우리는 굳센 결심이나 의지력을 사용할 것을 권
유받습니다. 그런데 사람에 따라 이것이 효과를 보는 사람이 있고 그
렇지 않은 사람이 있습니다.

왜 사람들은 올바른 일을 계속해서 해나가기가 힘든 것일까요? 외
국어 공부, 다이어트, 야식 끊기, 화 내지 않기 등 거의 모든 일에서 실
패를 경험하고 마는 이유가 무엇일까요? 『성경』은 그 원인을 우리 안
에 있는 '마음의 법'과 '죄의 법' 사이의 다툼으로 해석합니다. 사람들

은 믿음을 가진 이후에도 너무나 인간적인 구습들을 반복합니다. 믿는 사람들 가운데는 화를 내지 않아야 하는데도 불구하고 벌컥 화를 내버리는 자신을 보면서 무척 실망할 때가 있을 겁니다.

우리 육신은 결코 만만치 않습니다. 죄 속에 태어나서 죄 속에 살면서 죄에 익숙해진 옛사람의 모습으로 우리를 자꾸 끌어가는 것이지요. 「로마서」 7장에 등장하는 사도 바울은 육신에 의해 '죄의 법'에 휘둘리고 마는 자신의 딱함을 두고 '곤고한 자'라고 표현합니다. 그런데 이 표현은 사도 바울뿐만 아니라 우리 모두에게 해당하는 이야기일 것입니다.

그러면 어떻게 하면 될까요? 사도 바울은 우리에게 명쾌한 해답을 제시합니다. 그는 그리스도를 주님으로 영접함으로써 죄와 사망의 법으로부터 벗어날 수 있다고 말합니다. 이렇듯 '곤고한 자'로부터 '그리스도 안에 있는 자'로 신분을 바꾸면 되는 겁니다.

> 그러므로 이제 그리스도 예수 안에 있는 자에게는 결코 정죄함이 없나니. 이는 그리스도 예수 안에 있는 생명의 성령의 법이 죄와 사망의 법에서 너를 해방했음이라. - 「로마서」 8:1-2

믿는 자가 되는 것은 개인의 인생에서는 혁명에 해당하는 겁니다. 신분이 완전히 뒤바뀌게 되는 것이지요. 가족 전체가 어느 시점부터 믿는 자가 된다면 이는 집안의 혁명인 셈입니다. 곧바로 하나님의 자녀가 되는 권세를 얻게 되는 것이기 때문입니다. 예수 안에서 옛사람은 가고 새로운 사람이 탄생하게 되는 겁니다.

그런데 여기서 우리는 한 가지를 분명히 이해할 필요가 있습니다. 믿음은 '갖는 것'이 아니라 '갖게 되는 것'이라는 사실입니다. 능동태가 아니라 수동태입니다. 이는 우리가 구원으로 '태어나는 것'과 같습니다. 누가 태어나고 싶다고 해서 태어나는 것이 아니지요. 여기서 '태어나다'도 수동태입니다. 믿음은 우리 자신의 노력이나 능력이나 힘에 의한 것이 아니라 하나님의 선택에 의한 것입니다.

> 만군의 여호와께서 말씀하시되 이(성전 건축 등과 같은 하나님의 일)는 힘으로 되지 아니하며 능력으로 되지 아니하고 오직 나의 영으로 되느니라. - 「스가랴」 4:6

개인의 구원이나 성화 그리고 교회 건축, 교회의 시작과 성장 등과 같은 일들은 결코 나 혹은 우리의 선택, 힘, 능력으로 되는 것이 아닙니다. 하나님의 선택과 하나님의 역사하심으로 되는 것이지요. 성령의 도움과 인도가 있을 때 이루어지는 것입니다. 그래서 어떤 사람이 믿는 자가 되는 것은 정말 대단한 일입니다. 하나님의 선택을 받게 되는 대사건이니까요. 믿음은 성령에 의해 주어지는 것이며, 지식이나 노력으로 얻는 것이 아닌 하나님의 선물입니다.

3부

비루함은 낮추고 거룩함은 높일지니

"하나님이 우리를 부르심은 부정하게 하심이 아니요 거룩하심이니.
그러므로 저버리는 자는 사람을 저버림이 아니요
너희에게 그의 성령을 주신 하나님을 저버림이니라."

- 「데살로니가전서」 4:7-8

광야에도 길이 있다

보라 내가 새 일을 행하리니 이제 나타낼 것이라
너희가 그것을 알지 못하겠느냐.
반드시 내가 광야에 길을 사막에 강을 내리니.

Forget the former things; do not dwell on the past.
See, I am doing a new thing! Now it springs up; do you not perceive it?
I am making a way in the desert and streams in the wasteland.

– 「이사야」 43:19

::인생은 광야입니다. 성취의 기쁨은 짧고 구하는 과정의 고통은 깁니다. 광야에서는 끝이 보이지 않기 때문에 사람들은 쉽게 낙담하고 좌절하기 쉽습니다. 이때 나타나는 사람들의 특징이 있습니다. 자꾸 뒤를 돌아보고 그리워한다는 것이지요. 썩 그렇게 좋았던 과거는 아닐지라도 과거의 자신과 생활에 대한 막연한 그리움을 갖습니다. 인간의 인지구조가 그렇게 만들어져 있습니다. 과거를 그리워하거나 미화하도록 말입니다.

노예 상태에 있던 유대민족은 모세의 지도에 따라 홍해를 건너 40년의 험난한 광야 생활을 하게 됩니다. 그 사이에 하나님은 헤아릴 수 없는 큰 축복을 내려주지만 사람들은 좀처럼 감사하지 않습니다. 조금만 불편해도 과거를 그리워하고 불평불만을 털어놓습니다. 더욱이 사람들은 어려움과 불편함이 생겨나면 그것을 헤쳐나갈 궁리를 하기보다는 쉽게 낙담하며 비난할 거리를 찾고는 하지요. 감사는커녕 툴툴거리기에 바쁜 유대민족을 두고 "광야에서 약 사십 년 간 (하나님은) 그들의 소행을 참으시고"(「사도행전」 13:18)라는 표현이 등장할 정도입니다.

서두에 인용한 구절은 바벨론에 포로로 끌려간 이스라엘 민족을 구출할 대사건이 일어날 것임을 약속하는 하나님 말씀입니다. 이 구절 바로 앞에는 다음 문장이 있습니다. "너희는 이전 일을 기억하지 말며 옛적 일을 생각하지 말라."(「이사야」 43:18) 이 문장은 이스라엘 민족에게 일어날 일이 너무 크기 때문에 옛적 이집트를 탈출할 때 하나님이 베푼 은혜조차 잊어버리라는 뜻입니다.

인용 구절에서 '광야의 길'은 바벨론으로부터 풀려나는 이스라엘 민족을, '사막에 강'은 이스라엘 백성의 심령 회복을 말합니다. 앞을 전혀 볼 수 없는 칠흑 같은 어둠 속에서 하나님은 고난에 처한 이스라엘 민족에게 희망의 메시지를 전달하고 계신 것이지요. 낙담하지 말고 희망을 보라는 것입니다.

오늘날의 우리도 다를 바가 없습니다. 인생이라는 광야 생활에서도 찬찬히 헤아려보면 감사하고 또 감사해야 할 것들이 많습니다. 특히 한국인들에게 그렇습니다. 한국사를 세계사라는 측면에서 접근하면 이렇게 축복받은 나라가 어디에 있을까 싶습니다. 제2차 세계대전이 끝나고 수많은 신생국가들이 독립의 길을 선택했지만 한국처럼 이렇게 번듯한 나라를 만들어낸 국가가 어디에 있을까요?

여러분의 인생사도 마찬가지일 것입니다. 여러 어려움들이 거대한 산처럼 여러분 앞을 가로막고 있을지라도 자신이 받은 축복을 헤아려보시기 바랍니다. 제가 믿음을 갖게 된 후, 그전과 다른 점 중 하나가 감사를 은혜와 축복으로 받아들이게 된다는 사실입니다. 제가 걸어온 길을 되돌아보면, 믿음을 갖지 않은 상태에서의 광야 생활은 긴 고통 극히 짧은 영광이 될 수밖에 없었습니다. 왜냐하면 무엇인가를 추구하는 시기는 늘 길기 때문에 그 기간은 고통과 동의어가 될 가능성이 높았기 때문입니다.

하지만 믿음이 생기면 광야를 지나는 과정을 바라보는 시각이 180도 변합니다. 고통과 고난의 시기가 기쁨과 희망의 시간으로 바뀌게 되는 것이지요. 믿음은 어떤 고난과 고통 속에서도 '하나님이 광야에 길을, 사막에 강을 내릴 것이다'라는 확신을 심어주기 때문입니다.

계획과 소망, 의지에 바탕을 둔 희망과 믿음 위에 바탕을 둔 희망 사이에는 큰 차이가 있습니다. 인간의 힘에 의지한 희망은 쉽게 부서지고 말지만, 믿음 위의 희망은 단단한 반석 위에 서게 됩니다. 왜 이렇게 차이가 나는 것일까요? 믿는 자가 된 사실만으로도 그는 언제 어디서나 희망을 갖고 희망을 증거할 수 있는 특별한 사람이 된 것임을 『성경』은 다음과 같이 증거합니다.

> 너희는 택하신 족속이요 왕 같은 제사장들이요 거룩한 나라요 그
> 의 소유가 된 백성이니 이는 너희를 어두운 데서 불러내어 그의
> 기이한 빛에 들어가게 하신 이의 아름다운 덕을 선포하게 하려 하
> 심이라. - 「베드로전서」 2:9

위 구절의 의미를 한 번 더 새겨보겠습니다. 첫째, 믿는 자는 하나님이 선택한 사람들입니다. 둘째, 하나님으로부터 죄 사함을 받았을 뿐만 아니라 예수님의 이름으로 사탄과 마귀를 멸할 수 있는 권세가 주어진 사람들입니다. 셋째, 믿는 자는 그 자신이 곧 하나님의 성전, 즉 성령의 성전이며 하나님의 나라가 임한 사람들입니다. 하나님의 나라는 의, 진리, 사랑 그리고 평강으로 가득 찬 나라입니다. 넷째, 믿는 자는 하나님 나라의 백성들로 천국 시민권을 가진 사람들입니다.

왜 하나님은 믿는 자에게 이런 특권을 주셨을까요? 희망 없이 살아가는 세상 사람들을 향해 하나님 나라를 확장하고 복음의 메시지를 널리 전파하기 위해서입니다. 『성경』은 믿는 자의 지상사명이 땅끝까지 복음을 전하는 것임을 증거하고 있습니다.

믿음은 예수님을 향한 바라봄이며, 바라봄은 곧바로 희망을 뜻합니다. 예수님을 구주로 모시는 바로 그 순간부터 믿는 자는 희망 그 자체가 될 뿐만 아니라 희망의 통로가 되는 겁니다. 믿음은 머무름이 아니라 바라봄과 이를 향한 움직임입니다.

순종이 제사보다 나은 이유

오직 믿음으로 구하고 조금도 의심하지 마라.
의심하는 자는 마치 바람에 밀려 요동하는 바다 물결 같으니.

But when he asks, he must believe and not doubt,
because he who doubts is like a wave of the sea,
blown and tossed by the wind.

– 「야고보서」 1:6

::서양문명은 두 가지 큰 축으로 구성되어 있습니다. 하나의 축은 『성경』을 중심으로 하는 히브리 전통이고 다른 하나는 고대 그리스철학을 중심으로 하는 헬라 전통입니다. 후자는 의심을 특징으로 합니다. 의문을 갖고 질문을 던지고 논쟁을 전개하면서 오늘날의 눈부신 현대 문명이 탄생하게 되었습니다. 사실상 현대 교육은 헬라 전통 위에 구축된 것들입니다. 그렇기 때문에 우리는 알게 모르게 의문을 품는 일에 매우 익숙합니다. 그래서 '생각한다 고로 나는 존재한다'는 말을 달리 표현하면 '의심한다 고로 나는 존재한다'는 말로 재해석할 수 있을 것입니다.

그러나 믿음은 순종(하나님의 뜻과 말씀에 복종한다는 의미에서 신앙)에 바탕을 두고 있습니다. 하지만 많이 배운 사람일수록 지적 영역에서 단련된 의심이 영적 영역에까지 자연스럽게 영향을 미치게 됩니다. 그래서 하나님과 예수님의 말씀을 그대로 순종하기가 쉽지 않습니다. 인간의 눈으로 보면 믿음은 비합리와 논리에 위반되는 것이 많기 때문입니다. 동정녀 마리아, 예수 탄생, 기적, 부활, 승천 등은 모두 논리나 이성 그리고 합리의 기준으로 보면 받아들이기가 쉽지 않습니다. 이처럼 의심하는 인간의 심성을 예수님도 정확하게 이해하고 계셨습니다.

> 예수께서 대답하여 이르시되 내가 진실로 너희에게 이르노니 만일 너희가 믿음이 있고 의심하지 아니하면 이 무화과나무에게 된 이런 일만 할 뿐 아니라 이 산더러 들려 바다에 던져지라 하여도 될 것이요. -「마태복음」21:21

보통 사람에게 산을 들어 바다에 던지는 일이 어떻게 이루어질 수 있을까요? 『성경』에는 이성과 논리로 이해할 수 없는 기적과 같은 일들이 많습니다. 이를 그대로 믿기는 쉽지 않습니다. 그래서 믿음을 갖는 일 자체가 성령이 함께하지 않으면 가능한 일이 아닙니다. 성령의 역사 없이는 믿음을 마음으로 믿고 입으로 시인하기가 무척 힘듭니다.

한마디로 사람의 노력으로 믿음을 갖기가 쉽지 않다는 이야기입니다. 공부를 많이 한 사람일수록 그리고 나이가 많이 든 사람일수록 더더욱 그렇습니다. 이런 점에서 보면 저처럼 50대에 접어들어 믿음을 받아들인다는 것은 놀라운 일이 아닐 수 없지요. 여기서 믿음은 순종에 토대를 두고 있습니다. 하나님이 제사보다 순종을 중요하게 여기는 말씀은 『성경』에 자주 등장합니다.

> 사무엘이 이르되 여호와께서 번제와 다른 제사를 그의 목소리를 청종하는 것을 좋아하심같이 좋아하시겠나이까 순종이 제사보다 낫고 듣는 것이 숫양의 기름보다 나으니. - 「사무엘상」 15:22

> 하나님을 사랑하는 것과 또 이웃을 자기 자신과 같이 사랑하는 것이 전체로 드리는 모든 번제물과 기타 재물보다 나음이니이다.
> - 「마가복음」 12:33

> 나는 인애를 원하고 제사를 원하지 아니하며 번제보다 하나님을 아는 것을 원하노라. - 「호세아」 6:6

믿음은 순종입니다. 그런데 순종을 마음으로 받아들이는 일이 힘들기 때문에 구원받는 일도 믿기가 힘듭니다. 그리고 구원만 믿기 힘든 것이 아니라 진정한 그리스도인으로 가는 길인 성령 충만도 믿기 힘든 일이지요. 실험으로 증명하기가 쉽지 않으니까요.

그래서 기독교계에서는 성령 충만을 두고도 다른 의견이 팽팽하게 맞섭니다. 교파 사이에 서로 다른 해석이 있는 것입니다. 한편에서는 지나치게 신비주의를 강조함으로써 믿는 자를 엉뚱한 방향으로 이끄는 목회자들도 있습니다. 명백한 이단들은 이를 잘 활용해 사람들을 현혹시키기도 하지요. 그리고 다른 한편에서는 성령에 의한 기적, 즉 초자연적 행위를 『성경』 말씀보다 더 중요하게 여기는 은사운동의 문제점을 강력하게 비판하는 분들도 계십니다. 합정동교회 김효성 담임목사는 「기독교 신앙 입문」에서 다음과 같이 말했습니다.

> 기적이란 하나님의 초자연적 행위입니다. 그것들은 하나님 자신과 그의 진리를 확증하기 위한 것입니다. 교회 역사상, 기적은 『성경』이 완성된 후 더 이상 필요치 않기 때문에 중단되었습니다. 오늘날도 기적의 가능성은 있지만, 하나님께서 일반적으로 기적을 행하시지 않습니다. 은사운동(방언과 예언과 병고침 등 성령의 초자연적 행위를 강조하는 운동으로 오순절 교파가 주도)은 『성경』의 바른 교리와 생활 교훈으로 만족하지 않고 기적과 은사 체험을 강조하고…… 우리는 오늘날 은사운동을 경계합니다.

자신의 개인적 경험에 집착하는 신비주의는 경계해야겠지만 하나님의 역사하심이 그 자체에 신비한 것을 포함하고 있다는 점을 완전히 배제할 수는 없습니다. 『성경』 말씀을 무시하고 지나치게 병 고치는 은사 등에 집중하는 것은 문제지만, 특별한 은사가 기적을 만들어내는 일 자체까지 완전히 부정할 수는 없다고 봅니다. 신앙심이 깊은 분들 가운데 기도로써 불치병을 치유했다거나 단지 우연이라고 간주해버릴 수 없는 일들이 일어나는 것을 보게 됩니다. 따라서 믿음은 철저히 『성경』 말씀에 기초해야겠지만 성령 충만의 결과물로 나타나는 다양한 표적great signs과 기사miracles를 무시할 수는 없다고 봅니다.

다만 자신의 신앙이 온전히 신비주의로 흐르지 않도록 늘 말씀 공부를 철저히 하고 실제 생활에서 이 말씀을 진리로 검증하는 일들을 보완적으로 해나가야 한다고 봅니다. 이러한 말씀 공부를 게을리 하고 편안하게 신앙생활을 하려는 자는 자칫 표적과 기사에 혹해 속임을 당할 수 있음을 주의해야 할 것입니다.

이미 예수님이 활동하던 시절에도 기적으로 믿는 자를 속이는 부류의 인간들이 왕성하게 활동하고 있었던 모양입니다. 이른바 영혼 비즈니스를 하는 종교인들이지요. 이들 대부분은 하나님이 아닌 한 개인을 숭배하는 거짓 신앙인들인데,『성경』은 이들의 활동에 대해 이렇게 경계하고 있습니다. "거짓 그리스도들과 거짓 선지자들이 일어나 큰 표적과 기사를 보여 할 수만 있으면 택하신 자들도 미혹하리라."(「마태복음」 24:24)

이단으로부터 믿음을 보호하는 방법은 오직 복음(예수) 위에 신앙생활을 구축하는 일입니다. 참 그리스도인의 모습을『성경』은 이렇게 적고 있습니다. "유대인은 표적을 구하고 헬라인은 지혜를 찾으나 우리는 십자가에 못 박힌 그리스도를 전하니."(「고린도전서」 1:22, 23)

오직 예수, 오직 복음이 올바른 신앙의 길입니다.

죽으면 죽으리이라

죽으면 죽으리이다.

And if I perish, I perish.

- 「에스더」 4:16

:: 페르시아(바사)의 크세르크세스(아하수에로) 왕 12년 (기원전 491)에 유대인들은 몰살당할 딱한 처지에 놓였습니다. 하만이란 부하가 페르시아 제국 전역에 있는 유대인들을 죽이려는 음모를 꾸며 교묘히 왕의 허락까지 받아냈기 때문입니다. 이를 전해들은 유대인 출신의 왕비 에스더가 슬픔에 겨워 3일 금식한 이후 죽음을 무릅쓰고 왕에게 나아가 유대인의 목숨을 구해줄 것을 청하기 전에 한 말이 '죽으면 죽으리이다'입니다.

어느 누가 이처럼 죽음 앞에 담대할 수 있을까요? 아마도 죽음 이후의 세계에 대한 확신을 갖고 있는 사람이라면 가능할 것입니다. 『성경』이 말하는 죽음 이후의 세계는 곧 '하늘나라에서 영원히 산다'로 정리할 수 있습니다. 『웨스트민스터 신앙고백서』에서는 죽음 이후의 세계를 이렇게 설명하고 있습니다.

> 사람의 몸은 죽은 후 흙으로 돌아가 썩지만, 죽지도 않고 잠자지
> 도 않는 그들의 영혼은 불멸적 본질을 지녀서 그것들을 주신 하나
> 님께로 즉시 돌아간다. 의인의 영혼은 그때 완전히 거룩해져서 가
> 장 높은 하늘로 영접되어, 거기서 빛과 영광 가운데 계신 하나님
> 의 얼굴을 뵈오며, 그들 몸의 완전한 구속을 기다리고, 악인의 영
> 혼은 지옥에 던지워져, 거기서 고통과 전적인 어둠 속에 머물며,
> 큰 날의 심판 때까지 보존된다. 몸과 분리된 영혼을 위해 이 두 장
> 소 외에, 『성경』은 아무 곳도 인정치 않는다. 마지막으로 살아 있
> 는 자들은 죽지 않고 변화될 것이며, 불의한 자의 몸은 그리스도
> 의 능력에 의해 일으키심을 받아 치욕에 이를 것이지만, 의인의
> 몸은 그의 성령에 의해 일으키심을 받아 영광에 이를 것이며, 그
> 자신의 영광스러운 몸과 같게 될 것이다.

여러 철학과 여타 종교들도 죽음 이후를 설명한 내세관을 갖고 있
습니다. 고대 그리스 로마인들은 사람이 죽고 나면 지하의 세계, 즉
하데스로 내려간다고 믿었습니다. 호메로스가 『일리아스』에서 그리
는 죽음의 세계 하데스는 어두침침한 세계입니다. 이곳에서는 트로
이 전쟁의 최고 영웅인 아킬레우스조차도 산 자를 부러워합니다.

> 온통 파괴되어 버린 모든 죽은 자들을 다스리는 것보다 차라리 살
> 아서 농사꾼으로 다른 사람 밑에서 품을 팔고 싶소. 살림살이도

많지 않은 가난한 사람에 빌붙어 살아도 좋소.(489~491행)

지하의 가장 높은 지위가 지상의 가장 비천한 지위보다 못하다고 한탄하는 것이지요.

고대 그리스 철학자 소크라테스는 죽음을 영원한 삶을 향한 또 하나의 순례로 생각했습니다. 육체는 죽음과 함께 소멸되지만 영혼은 살아서 평소에 만나기를 원했던 사람들을 만날 수 있게 해준다고 믿은 것입니다.

에스더가 '죽으면 죽으리이다'라고 담대하게 말할 수 있는 것은 최후의 심판 날에 이루어질 결정적 구원에 대한 확신 때문일 것입니다. 이렇듯 신앙 안에서의 죽음은 육체로부터 영혼이 자유로움을 얻는 일입니다. 반면 철학적 성찰은 단지 육체적 감각과 욕망으로부터 영혼을 분리시키려는 수련을 말합니다.

철학은 영혼을 정갈하게 갈고 닦거나 영혼과 죽음을 이해하는 데 도움을 주지만 믿음처럼 죽음 이후의 세계에 대한 확신과 안심을 줄 수는 없습니다. 믿는 자가 되면 생사 문제에서 비교적 자유로워집니다. 내세에 대한 희망을 품게 되기 때문입니다.

거꾸러뜨림 속에서도 꿋꿋이

우리가 이 보배를 질그릇에 가졌으니 이는 심히 큰 능력은 하나님께 있고
우리에게 있지 아니함을 알게 하려 함이라.
우리가 사방으로 욱여싸이더라도 싸이지 아니하며 답답한 일을 당하여도
낙심하지 아니하며 박해를 받아도 버린 바 되지 아니하며
거꾸러뜨림을 당하여도 망하지 아니하고

But we have this treasure in jars of clay to show that this all-surpassing power is from
God and not from us. We are hard pressed on every side, but not crushed; perplexed,
but not in despair; persecuted, but not abandoned; struck down, but not destroyed.

– 「고린도후서」 4:7-9

:: 인생이라는 광야를 살아가는 일은 만만치 않습니다. 시시각각 위협적인 공격을 당할 수 있지요. 때로는 경제문제일 수도 있고, 때로는 인간관계 문제, 가정문제, 건강문제 등 다양한 모습을 띱니다. 이렇듯 위협을 당할 때면 『성경』에 나오는 '질그릇과 보배'의 비유를 생각해보시기 바랍니다. 질그릇은 우리의 연약한 육체를 말하고, 질그릇에 담긴 보배는 "예수 그리스도의 얼굴에 있는 하나님의 영광을 아는 빛"(「고린도후서」 4:6)을 말합니다. 하나님은 우리 마음에 빛을 비추어주시고, 그 빛의 비춤을 받은 사람은 믿는 자가 됩니다.

질그릇은 사방의 공격으로부터 상처받고 핍박당할 수 있지만, 우리 안에 있는 보배로운 생명은 어떤 경우에도 낙심하지 않습니다. 칠

흑 같은 어두운 날 폭풍우가 심하게 몰아치는 해변가의 등댓불처럼 말입니다. 언제나 그곳에서 빛나고 있습니다.

켈린 밀러 목사님의 『성령이 이끄시게 하라』는 책에는 위협 속에서 힘들어하는 분이라면 꼭 가슴에 담아야 할 고백이 나옵니다. "인생의 바다는 거칠다. 그러나 그 거친 파도 이면에는 평화롭고 변하지 않는 피난처, 하나님 안의 거처, 그분과의 비밀스러운 만남의 장소가 놓여 있다. 성령은 우리를 그곳으로 안전하게 인도하신다. 맡겨라. 나의 자아를 온전히 내려놓고 모든 것을 성령이 이끄시는 은혜의 손길에 전적으로 의존하라. 그리하면 하나님의 깊은 은혜를 누리는 성령 충만한 삶을 살게 될 것이다."

위협 속에서도 우리는 낙담하거나 포기할 필요가 없습니다. 육체라는 겉껍질은 낡을지라도 하나님을 향한 믿음은 위협을 극복하면서 더욱 튼실해질 것이기 때문입니다.

> 그러므로 우리가 낙심하지 아니하노니 우리의 겉사람은 낡아지나 우리의 속사람은 날로 새로워지도다. 우리가 잠시 받는 환난의 경한 것이 지극히 크고 영원한 영광의 중한 것을 우리에게 이루게 함이니. 우리가 주목하는 것은 보이는 것이 아니요 보이지 않는 것이니 보이는 것은 잠깐이요 보이지 않는 것은 영원함이라.
> -「고린도후서」 4:16-18

하나님은 자신의 자녀가 오랫동안 위협에 굴복하여 적들의 손아귀에서 고생하는 것을 내버려두지 않습니다. 그분은 어떻게든 여러분을 돕습니다. 하나님은 만세 전에 우리를 하나님 자녀 되도록 선택하셨음을 잊지 않으십니다. 하나님이 자신의 절대 주권에 의해 우리를 선택하신 목적은 하나님의 은혜와 영광을 찬미하게 하기 위해서입니다. 하나님의 선택은 무조건적 사랑과 은혜에 바탕을 두고 있습니다. 스스로의 죄로 인해 죽음의 늪에 빠질 수밖에 없는 사람들을 하나님의 은혜로 구원하신 귀한 존재가 바로 우리들입니다.

> 곧 창세 전에 그리스도 안에서 우리를 택하사 우리로 사랑 안에서 그 앞에 거룩하고 흠이 없게 하시려고 그 기쁘신 뜻대로 우리를 예정하사 예수 그리스도로 말미암아 자기의 아들들이 되게 하셨으니 이는 그가 사랑하는 자 안에서 우리에게 거저 주시는바 그의 은혜의 영광을 찬송하게 하려는 것이라. - 「에베소서」 1:4

세상에 자신의 귀한 자녀들이 오랫동안 적에게 어려움을 당하고 끝내는 패배와 죽음을 맛보도록 내버려두는 부모가 어디에 있겠습니까? 더욱이 그분이 전지전능한 분이라면 말입니다.

이단, 그 잘못됨을 경계할지니

우리가 우리를 전파하는 것이 아니라
오직 그리스도 예수의 주 되신 것과
또 예수를 위하여 우리가 너희의 종 된 것을 전파함이라.

For we do not preach ourselves, but Jesus Christ as Lord,
and ourselves as your servants for Jesus' sake.

– 「고린도후서」 4:5

:: 어디에나 사악한 사람이나 무리가 있게 마련입
니다. 특히 돈이 될 법한 곳에는 늘 이익을 노리는 사람들이 있습니
다. 이상한 교리로 사람들의 영혼을 사로잡는 이들을 두고 하는 말입
니다. 그리스도교는 오직 예수를 내세웁니다. 그런데 『성경』을 교묘
하게 해석하거나 짜깁기를 해서 이단異端(성경의 기본 교리로부터 탈선된
신념 혹은 이를 내세우는 무리)을 만들어내는 사람들이 있지요.

저는 구체적으로 그들에 대해 이런저런 이야기를 할 만한 입장은
아닙니다. 그런데 한 가지는 확실하게 이야기할 수 있습니다. 영혼을
존귀하게 여기기 위해, 스스로 영혼에 대한 이해를 높이기 위해 하나
님 말씀 공부하는 일을 게을리하지 말아야 한다는 사실입니다. 그렇
지 않으면 누구든지 이단에 걸려들 수 있습니다.

언젠가 동양철학을 전공한 한형조 교수님 이야기를 인상 깊게 읽은 적이 있습니다. "개나 닭이 집을 나가면 온 동네 사람을 풀어서 찾는데, 마음을 잃어버려도 찾을 생각을 않는다." 여기서 마음을 영혼으로 대체해도 무리가 없을 것입니다.

말씀 공부를 게을리하면 그리스도교를 빙자한 이단의 꼬임에 넘어가버릴 수 있습니다. 영혼의 세계는 손에 잡히지도 않고 눈으로 볼 수도 없기 때문에 그런 분들이 위력을 발휘할 수 있습니다. 저는 이런 이단 종교 지도자들을 '영혼 비즈니스맨'이라고 부르고 싶습니다. 살아생전에 많은 헌금을 거두어서 대대손손 먹고살 만한 재산을 자식들에게 한 아름씩 넘겨주는 분들을 말합니다. 아무리 생각해도 이것은 올바른 일이 아닙니다.

그러면 이단의 큰 특징은 무엇일까요? 「고린도후서」 4장 5절에 잘 표현되어 있습니다. 예수님을 앞세우는 것처럼 하면서 은근슬쩍 자신이 예수님 자리에 서 버리는 경우지요. 사도 바울은 "우리가 우리를 전파하는 것이 아니라"라는 표현으로 자신을 앞세우는 일이 올바른 믿음이 아님을 말합니다.

「사도행전」에는 사도 바울이 루스드라의 앉은뱅이에게 믿기 힘든 기적을 행하는 일이 소개되어 있습니다. 구원받을 만한 믿음이 있는 것을 확인한 사도 바울이 앉은뱅이에게 "네 발로 바로 일어서라." 했더니 앉은뱅이가 뛰어 걸을 수 있게 됩니다. 지켜보던 주변 사람들이 "신들이 사람의 형상으로 우리 가운데 내려오셨다"고 외치면서 소와 화관을 갖고 뛰어와서 두 사람에게 제사를 지내려 합니다(「사도행전」 14:8-18).

놀란 나머지 바울은 옷을 찢고 무리 가운데 들어가서 "어찌하여 이런 일을 하느냐. 우리도 너희와 같은 성정을 가진 사람이다"라고 외칩니다. 믿는 자들이 복음을 전하는 목회자를 지나치게 존경함으로써 이런 일들이 일어나는 것은 바람직하지 않습니다. 또한 스스로 말씀에 도취한 나머지 자신을 숭배하도록 만드는 일은 이단으로 가는 지름길입니다. 어떤 경우든 사람을 숭배하는 일은 올바르지 않습니다. 이것은 곧 목회자의 신분에서 영혼 비즈니스맨으로 전락하는 것을 뜻합니다.

이단종파연구가였던 탁명환 씨 연구에 따르면 1986년 4월 30일까지만 하더라도 한국에는 재림주로 자처하는 자가 35명, 자신을 하나님으로 자처하는 자가 12명이나 되었다고 합니다. 『성경』은 이단의 근원을 사탄에서 찾고 있습니다. 이를 "지금 불순종의 아들들 가운데서 역사하는 영이라"(「에베소서」 2:2)고 지적하고 있는데 이미 초대 교회의 사도들이 활동하던 시절부터 문제가 되었던 일입니다.

성령이 밝히 말씀하시기를 후일에 어떤 사람들이 믿음에서 떠나 미혹케 하는 영과 귀신의 가르침을 따르리라 하셨으니 자기 양심이 화인a hot iron을 맞아서 외식함으로 거짓말하는 자들이다.
- 「디모데전서」 4:1-2

사랑하는 자들아, 영을 다 믿지 말고 오직 영들이 하나님께 속했나 시험하라. 많은 거짓 선지자가 세상에 나왔음이라.
- 「요한일서」 4:1

성경을 공부하면서 드는 생각은 누구라도 얼마든지 『성경』 66권의 특정 부분을 교묘하게 각색해서 자신의 유익함을 구할 수 있겠다는 것입니다. 그래서 그러한 유혹에 빠지지 않도록 『성경』을 꾸준하게 공부해야 하고 목회자들의 설교를 두루 널리 듣고 공부해야 합니다. 그렇지 않으면 특정 인물을 숭상하거나 특정 교리 해석에 얼마든지 휘둘릴 수가 있습니다. 만일 이단에 속한 사람들을 만나면 논쟁하지 마시고 "한두 번 훈계한 후에 멀리하라"(「디도서」 3:10)는 조언을 참고하시기 바랍니다.

스스로 복의 원천이 되는 축복

내가 너로 큰 민족을 이루고 네게 복을 주어 네 이름을 창대하게 하리니
너는 복이 될지라. 너를 축복하는 자에게는 내가 복을 내리고
너를 저주하는 자는 내가 저주하리니
땅의 모든 족속이 너로 말미암아 복을 얻을 것이라 하신지라.

I will make you into a great nation and I will bless you; I will make your name great,
and you will be a blessing. I will bless those who bless you,
and whoever curses you I will curse; and all peoples on earth will be blessed through you.

-「창세기」12:2-3

:: '믿음의 조상' 아브라함에게 하나님이 복 주실 것임을 굳게 약속하는 대목입니다. 무려 다섯 번이나 '내가 너에게 ~을 할 것이다(I will~)'라는 표현이 등장합니다. 여기서 복이란 물질과 같은 세속적인 의미의 복이라기보다는 그리스도를 통한 구원의 복을 의미합니다. 그리하여 아브라함이 복덩이가 될 뿐만 아니라 아브라함으로 인하여 이스라엘 사람이나 이방인 모두가 구원의 복을 갖게 됩니다. 결국 아브라함의 후손인 예수 그리스도를 통해 세상의 만민들이 구원을 얻는 복을 누리게 되는 것이지요.

그러면 모든 사람에게 이런 복이 주어지는 것일까요? 그렇지는 않습니다. 하나님의 부르심에 순종하는 자에게만 이런 복이 허용됩니다. 하나님은 아브라함에게 보통 사람이라면 받아들이기 힘든 명령을 내

립니다. 익숙하고 편한 고향을 떠나 낯선 곳으로 가라는 것입니다.

> 여호와께서 아브라함에게 이르시되 너는 너의 고향과 친척과 집
> 을 떠나 내가 네게 보여줄 땅으로 가라. - 「창세기」 12:1

하나님의 부르심에 대해 아브라함은 불평하지 않고 그대로 따릅니
다. 하나님이 아브라함에게 주신 약속을 깊이 새겨봐야 합니다. 우리
자신이 복덩이가 될 뿐만 아니라 우리로 말미암아 주변 사람들이 복
을 받게 된다면 이는 얼마나 대단한 일인가요? 아브라함이 세상 만민
에게 복의 통로가 되었듯이 우리 자신도 복의 통로가 될 수 있을까
요? 우리가 예수님을 믿고 말씀에 순종한다면 얼마든지 자신뿐만 아
니라 주변을 복으로 차고 넘치게 만들 수 있습니다. 나에게 익숙한 곳
을 떠나서 예수님과 동행하는 삶을 선택한다면 말입니다.

> 나를 믿는 자는 성경에 이름과 같이 그 배에서 생수의 강이 흘러
> 나오리라 하시니. - 「요한복음」 7:38

누구든지 시작은 미약합니다. 자신도 복의 통로가 되리라는 생각을
감히 할 수 없습니다. "어떻게 내가 그런 사람이 될 수 있겠어요?"라
고 말하고 맙니다. 그러나 자신에게 시작된 미약한 순종의 삶이 주변
에 어떠한 어마어마한 변화를 가져올지 어느 누가 알 수 있겠습니까?
오로지 하나님만이 알 수 있는 일입니다. 그러니 우리 모두 시작은 미
약하지만 나날이 창대해지는 사람이 되도록 노력하자는 말입니다.

여러분이 예수님을 제대로 믿기만 한다면 하나님께서는 여러분 안에 영원히 마르지 않는 축복의 강물을 흐르게 하실 겁니다. 그 강물은 차고 넘쳐서 여러분과 가족 그리고 주변 세상을 흠뻑 적시게 될 테고요. 여러분 자신이 복 받는 것에만 그치지 마시고 스스로가 복의 원천이자 통로가 되어 주변 사람들을 복으로 가득 채우는 주인공이 되셔야 합니다. 한 사람 한 사람이 그렇게 변화한다면 이 세상이 얼마나 아름다운 곳이 될 수 있을까요? 하나님은 분명 여러분 자신이 세상에서 얼마나 큰 축복인지를 보여주실 겁니다.

부디 여러분 모두 복 받는 존재가 되길 바랍니다. 어떻게 하면 될까요? 이 책에 나오는 여러 메시지를 깊이 숙고해보시기 바랍니다.

위로는 우리 안에 있다

찬송하리로다. 그는 우리 주 예수 그리스도의 하나님이시요,
자비의 아버지시요 모든 위로의 하나님이시며 우리의 모든 환난 중에서
우리를 위로하사 우리로 하여금 하나님께 받는 위로로써
모든 환난 중에 있는 자들을 능히 위로하게 하시는 이시로다.

Praise be to the God and Father of our Lord Jesus Christ,
the Father of compassion and the God of all comfort, who comforts us in all our troubles,
so that we can comfort those in any trouble with the comfort
we ourselves have received from God.

– 「고린도후서」 1:3-4

::트위터를 하다 보면 거친 말을 습관적으로 내뱉는 분들을 자주 만나게 됩니다. 그때마다 "이분이 마음의 상처가 심한 분이구나"라는 생각을 하게 됩니다. 상처란 제때 치유되지 않으면 자라면서 덧나는 것처럼 자꾸 심해질 수가 있지요. 어린 시절부터 듬뿍 사랑을 받고 자란 사람들은 성장해서도 세상을 좀 넉넉하게 봅니다. 그리고 큰 굴곡 없이 자신이 추구하는 것을 웬만큼 이루어온 분들에게도 상처는 그다지 눈에 띄지 않습니다.

그래서 어린 시절의 사랑이 중요합니다. 이때의 애정 결핍으로 자신도 모르게 이런저런 상처가 깊은 분들이 있지요. 이런 분들은 대개가 공격적입니다. 행동이 그렇거나 아니면 말이 그렇거나 둘 중 하나지요. 그리고 어린 시절의 애정 결핍 때문이든 다른 이유 때문이든 상

처를 갖고 있는 분들은 그 상처가 자신에게 머물지 않고 가족이나 지인들을 향할 때가 잦습니다. 그래서 개인의 상처가 사회 차원의 문제로 확장되는 것이지요.

그런데 흘러가버린 시절을 어떻게 하겠습니까? 그 시절로 돌아가서 다시 사랑을 받을 수는 없는 일 아닌가요. 그렇다면 스스로 상처를 치유하고 타인에게 상처보다는 축복을 줄 수 있는 존재가 되려면 어떻게 해야 할까요? 물론 여러 가지 인간적인 노력의 길이 있겠지만 사람의 의지란 것이 얼마나 믿을 만하지 못한가에 대해서는 여러분도 잘 아실 것입니다.

그러니 지금부터라도 하나님의 사랑을 듬뿍 받는 일이 중요합니다. 여러분이 과거에 어떤 날들을 보내왔든지 아무 관계가 없습니다. 여러분은 지금 당장 하나님의 사랑을 누릴 수 있습니다. 「고린도후서」 1장은 위로의 하나님에 대해 말하고 있습니다. 하나님은 위로하는 하나님이시기도 하고 치료하는 하나님이시기도 합니다. 바로 '예수 그리스도의 하나님은 위로의 하나님'이십니다.

> 누가 우리를 그리스도의 사랑에서 끊으리오 환난이나 곤고나 박해나 기근이나 적신이나 위험이나 칼이랴. 기록된바 우리가 종일 주를 위하여 죽임을 당하게 되며 도살당할 양같이 여김을 받았나이다 함과 같으니라. 그러나 이 모든 일에 우리를 사랑하시는 이로 말미암아 우리가 넉넉히 이기느니라. - 「로마서」 8:35-37

이따금 상처를 주는 세상 사람들이나 가족을 어떻게 하겠습니까?

속이 상할 때면 혼자서 이러한 『성경』 말씀을 붙잡고 기도하시기 바랍니다. 위로를 받고 사랑을 누리는 일은 그 누구도 방해할 수 없답니다. 위로의 하나님 그리고 치유의 하나님에게 도움을 청하시기 바랍니다.

세상의 모든 지혜의 '시작'

여호와를 경외하는 것이 지혜의 근본이요
거룩하신 자를 아는 것이 명철이니라.

The fear of the LORD is the beginning of wisdom,
and knowledge of the Holy One is understanding.

– 「잠언」 9:10

::'근본'이라는 히브리어 원어는 '테킬라'로, 시작이란 뜻입니다. 그래서 영어 번역문에서는 근본이 아닌 '시작beginning'으로 해석하고 있습니다. 저 역시 "여호와를 경외하는 것이 지혜의 시작이요"라고 하는 편이 더 합당하다고 생각합니다. 아무튼 『성경』 말씀은 하나님을 아는 일 그리고 그 계명을 지키는 일이 모든 지혜의 시작이라고 말합니다.

우리는 어린 시절부터 배움이라는 긴 시간을 갖습니다. 세상의 학문을 배우고 익히면서 그것이 전부라고 생각하게 됩니다. 이런저런 것들을 배우고 폭넓은 분야를 공부하면서 세상의 지식이나 지혜를 벗어난 것들에 대해서는 깊이 생각해볼 기회가 없습니다. 저 또한 반평생이 지난 다음에서야 "아, 하나님을 아는 일이 정말 모든 지혜의 시작이구나"라는 생각을 하게 되었습니다.

제가 믿기 시작하면서 자식들에게 한 이야기는 이랬습니다.

"아버지는 하나님을 아는 일이 가장 큰 진리라는 것을 어느 날부터 깨닫기 시작했다. 그리고 이 진리를 좀 더 일찍 알지 못한 것이 정말 후회스럽다. 너희들은 지금부터라도 받아들이면 좋겠구나. 후대들에 게는 어린 시절부터 하나님을 아는 지혜를 제대로 가르쳐야 한다."

세상의 모든 학문과 삶의 기초는 하나님이란 토대 위에 두어야 한 다는 생각에서 한 말이었습니다. 따라서 하나님을 경외하는 것이 지 혜의 '시작'이란 표현이 더 적합하긴 하지만 '근본'도 크게 틀리지 않 은 표현이라 생각합니다.

한편 「잠언」은 하나님을 받아들이면 거둘 수 있는 과실 두 가지, 즉 장수와 유익함에 대해 이렇게 말합니다.

> 나 지혜로 말미암아 네 날이 많아질 것이요 네 생명의 해가 네게 더하리라. 네가 만일 지혜로우면 그 지혜가 네게 유익할 것이나 네가 만일 거만하면 너 홀로 해를 당하리라. - 「잠언」 9:11-12

여기서 지혜는 반드시 영적인 지혜만을 의미하는 것은 아니라고 봅 니다. 넓은 의미에서의 지혜는 특정 분야에 대한 고도의 지식뿐만 아 니라 판단력이나 통찰력 그리고 위기극복력 등을 모두 포함하는 종 합적인 지혜입니다. 이따금 최고 공직 자리에 오른 사람들이 자신의 진퇴를 앞두고 내리는 판단이 자신의 인생뿐만 아니라 사회에 매우 부정적인 영향을 끼치는 경우를 봅니다. 이때 저는 지혜라는 한 단어를 생각하게 됩니다. 많은 교육을 받고 고위공직자로 승승장구하더라도 결정적인 순간이 되면 인간적인 욕구와 필요에 따른 판단만으로 인생에 오점을 남길 때가 있습니다.

믿는 자에게 그런 순간이 온다면 어떨까요? 자신의 죄와 나약함을 하나님 앞에 자복하고 용서를 구한 다음 자신이 이 위급한 상황에서 어떻게 해야 하는지를 하나님께 간구한다면, 누가 보아도 정의롭고 당당한 해답을 하나님께서 주실 겁니다. 그래서 저는 여러분이 "여호와를 경외하는 것이 지혜의 시작이자 근본"이라는 말을 마음 깊이 새기고 살아가길 바랍니다.

마음을 굳게 지키라

모든 지킬 만한 것 중에 더욱 네 마음을 지키라.
생명의 근원이 이에서 남이니라.
Above all else, guard your heart, for it is the wellspring of life.
- 「잠언」 4:23

　　::마음이 모든 생명의 근원이기 때문에 잘 지켜야
한다는 「잠언」의 말씀입니다. 여기서 '근원'은 '토츠오스'라는 히브리
어에서 나온 말로 '나오는 것들' 즉 '행위들'을 뜻합니다. 그러니까 사
람의 모든 말과 글 그리고 행동은 마음에서부터 나오는 것들이지요.
어떤 사람이 습관적으로 험한 말과 행동을 한다면 그 근원은 마음의
병이나 뒤틀림에서 비롯됩니다.

　현대인들 중에는 마음의 병으로 고통을 겪는 사람들이 많습니다.
그래서 마음의 병을 치유하기 위한 여러 가지 방법들이 나오고 이를
상업화해서 돈을 버는 분들도 있습니다. 명상 센터나 마음수련 센터
등이 그런 곳에 속합니다. 마음을 다스리는 방법은 크게 두 가지로 나
눌 수 있습니다. 하나는 비우는 방법이고 하나는 채우는 방법입니다.

마음을 비워라, 망상을 비워라, 이런 방법을 권하는 분들도 있습니다.

그런데 저는 이 방법에 대해 의문을 갖습니다. 마음이 비워지면 그 깨끗한 마음 상태가 유지될 수 있을까요? 진공상태가 되자마자 즉시 스며드는 다른 무엇이 있을 수밖에 없다는 생각입니다. 오히려 망상이나 사악한 생각이 금방 들어찰 수도 있지 않을까요? 그러니까 제 생각은 마음은 진공상태를 유지하기 힘들다는 것이지요. 한 종류의 생각이 비어지면 곧바로 다른 종류의 생각이 그 자리를 차지하게 되니까요.

반면 믿는 자가 선호하는 방법은 마치 빈 타이어에 바람을 채우듯 하나님 말씀으로 마음을 차고 넘치도록 만드는 일입니다. 말씀으로 마음을 채우면 그 말씀이 지성과 감성 그리고 의지를 지배하게 됩니다. 그리하여 말, 글, 행동 등 모든 것을 변화시킵니다.

저희 집 앞에 '청종교회'라는 데가 있습니다. 청종obeying은 '시키는 대로 잘 들어 좇는 행위'를 뜻합니다. 교회 이름은 "주여 말씀하옵소서. 주의 종이 듣겠나이다"라는 자세로 그리스도 말씀에 청종해야 한다는 의미인 듯합니다. 그러면 어떻게 청종해야 할까요? 그 채우는 방법과 효과에 대해 「잠언」에서는 이렇게 말하고 있습니다.

> 내 아들아 내 말에 주의하며 내가 말하는 것에 네 귀를 기울이라.
> 그것을 네 눈에서 떠나게 하지 말며 네 마음속에 지키라. 그것은
> 얻는 자에게 생명이 되며 그의 온 육체의 건강이 됨이니라.
> – 「잠언」 4:20-22

여러분은 마음을 지키기 위해 비우는 방법을 선택할 수도 있고 채우는 방법을 선택할 수도 있습니다. 저는 물론 채우는 방법을 선택했고요. 제가 믿음을 갖고부터는 시작이 늦은 만큼 그 놓친 시간을 단축해야겠다는 생각에서 열심히 읽고 듣기를 하고 있습니다. 『성경』 말씀이 차고 넘치도록 마음을 채우는 일은 놀라운 변화를 가져옵니다. 「시편」에서는 말씀이 마음을 가득 채울 때 어떤 변화가 일어나게 되는지를 이렇게 말하고 있습니다.

> 여호와의 율법은 완전하여 영혼을 소성시키며, 여호와의 증거는 확실하여 우둔한 자를 지혜롭게 하며, 여호와의 교훈은 정직하여 마음을 기쁘게 하고 여호와의 계명은 순결하여 눈을 밝게 하시도다. - 「시편」 19:7-8

말씀은 "꿀과 송이꿀보다 더 달도다"라는 표현만으로 그 감격과 기쁨을 다 말할 수 없을 만큼 달콤합니다. 그리고 유익합니다. 여러분은 비우는 방법을 선택할 수도 있지만 역으로 채우는 방법을 선택해보시기 바랍니다. 여러분의 마음이 『성경』 말씀으로 차고 넘치도록 만들어보시기 바랍니다. 참으로 대단한 변화가 일어날 것입니다.

분노가 용서로

분노가 미련한 자를 죽이고 시기가 어리석은 자를 멸하느니라.

Resentment kills a fool, and envy slays the simple.

－「욥기」 5:2

:: 혈기왕성한 사람 가운데 분노를 자주 터뜨리는 사람들이 있습니다. 부끄럽게도 젊은 날의 저도 그런 부류에 속했습니다. 혈기를 주체하지 못하고 부당하게 행동하는 사람들을 만날 때면 분노를 터뜨리는 경우가 여러 번 있었지요. 지난날을 되돌아볼 때 분노를 내는 일이 얼마나 어리석은 일인지를 알게 됩니다. 그리고 그 작은 분노가 자칫 잘못했더라면 큰 화를 불러일으킬 수도 있었겠다는 생각에 안도감으로 가슴을 쓸어내리게 됩니다.

그런데 믿는 자가 되고 나면 저절로 여간해서는 화를 내지 않게 됩니다. 노력을 통하지 않고서도 온화해집니다. 그리고 주변 사람들을 넉넉히 바라보게 됩니다. 이렇게 되면 좀처럼 격한 이야기가 입에서 흘러나올 수가 없지요. 설령 화를 내더라도 금세 그 화가 잦아들게 됩니다.

분노한다는 것은 어떤 것인가요? 어떤 사람에 대한 미움이 갑자기 바깥으로 튀어나오는 것입니다. 『성경』의 시각에서 보면 미움은 마귀(사탄)의 마음이 사람 안에 있는 것을, 분노는 마귀의 마음이 바깥으로 표출되는 것을 뜻합니다. 『성경』에서 죄를 짓는 것은 마귀의 욕심을 채우는 것, 마귀의 승리를 말합니다. 마귀는 오로지 자신의 욕심 채우기에 급급합니다. 미움이라는 도구로 사람을 이용하는 것이지요. 자기 눈에 들지 않으면 미움은 무조건 "그냥 벌컥 하고 화를 내버려." 하고 분노를 표시하라고 조릅니다.

제가 잘 아는 믿음이 굳센 분이 이런 말을 하더군요. 자신을 괴롭히고 섭섭하게 만드는 사람을 미워하는 마음과 분노를 좀처럼 없앨 수가 없어서 힘들었다고 합니다. 그런데 어느 날 「마태복음」 18장을 읽다가 1만 달란트(164만 년의 개인임금)라는 엄청난 빚을 짊어진 빚쟁이가 빚을 탕감 받게 되는 이야기를 만납니다. 그러나 엄청난 빚을 탕감 받은 빚쟁이는 정작 자신에게 100데나리온(탕감 받은 돈의 6000만분의 1)의 빚을 진 사람을 용서하지 못했다고 해요. 이 이야기를 읽다 그분은 불현듯 이런 생각이 스쳐지나갔다고 합니다.

"예수님은 우리가 가진 수많은 죄를 사하기 위해 자신의 목숨까지 바쳤는데 나는 그 사람의 작은 허물과 실수 하나도 용서하지 못하는구나. 이렇게 하면 내가 정말 죄를 받겠구나."

이런 생각에 금세 미워하는 사람을 용서하고 마음에서 분노와 미움을 지워버렸다는 겁니다.

모세가 애굽의 왕자로 있다가 유대인을 감독하는 애굽인을 죽이는 사건이 있지요. 애굽인의 행위가 마음에 들지 않았기 때문에 모세 안에 있던 미움의 혈기가 분노로 표출되어 순식간에 살인을 하게 된 것입니다. 대부분의 분노는 이렇게 급작스럽게 생깁니다.

저는 혈기왕성하게 살아왔던 지난날 큰 과오 없이 이날까지 오게 된 것은 모두 하나님의 은혜라는 생각을 자주 하게 됩니다. 왜냐하면 모세처럼 살인까지는 아니더라도 비슷한 상황에 처할 정도로 아슬아슬한 일들이 있었기 때문입니다. 『성경』은 분노에 대해 여러 곳에서 권면합니다. 믿는 자가 절대로 취할 바가 아니라는 것이지요.

> 사람의 성내는 것이 하나님의 의를 이루지 못함이니라.
> -「야고보서」1:20

> 분을 내어 죄를 짓지 말며 해가 지도록 분을 품지 말고 마귀로 틈을 타지 못하게 하라. -「에베소서」4:26-27

> 너는 저급하게 분노하지 마라. 분노는 어리석은 사람의 가슴에 머무는 것이다. -「전도서」7:9

어떻게 하면 분노를 벗어날 수 있을까요? 믿는 자는 미운 마음이라는 죄를 십자가에 못 박아서 승리를 거둔 사람들입니다. 분노의 대상을 모두 하나님께 아뢴 다음 맡겨버리세요. 화가 머리끝까지 치밀 때면 "제가 어찌할 수 없으니 하나님이 알아서 해주십시오." 이렇게 간구하시면 됩니다. 하나님은 "원수 갚는 것이 내게 있으니 내가 갚으리라"(『히브리서』10:30)고 말씀하셨습니다.

하나님의 죄에 대한 분노는 거룩한 분노이며 이는 생명을 주기 위한 분노입니다. 반면 사람의 죄에 대한 분노는 죄인인 사람 안에 있는 미움이 바깥으로 흘러나온 것일 뿐입니다. 여러분의 미움을 이용해서 자신의 욕심을 채우려는 마귀의 장난에 놀아나지 않도록 해야 합니다.

또한 화가 날 때면 내가 얼마나 큰 복을 받은 사람인가를 기억하면 됩니다. 수많은 죄로 얼룩진 자신을 용서하신 그분을 믿는다면 내가 작은 죄를 범한 상대를 용서하지 못할 이유가 전혀 없는 것입니다.

삶에는 반드시 쉼표가 필요하다

안식일을 기억하여 거룩하게 지키라.

Remember the Sabbath day by keeping it holy.

-「출애굽기」 20:8

:: 경쟁은 날로 치열해지고 더 많은 성취를 향해 줄달음을 쳐야 하는 시대입니다. 잘 쉬는 일이 무엇보다 중요하지만 누구에게나 쉽지는 않습니다. 지난 젊은 날을 찬찬히 살펴보면 주중에는 업무를 처리하는 데 바빴고 주말에는 앞날을 준비하는 데 분주했습니다. 더 높이, 더 많이, 더 빠르게 달려온 저도 잘 쉬는 것에 대해 깊이 생각하고 실천해오지 못한 것이 사실입니다.

얼마 전까지만 하더라도 우리 사회는 6일간 일하고 하루를 쉬었지요. 이런 전통은 『성경』에 뿌리를 두고 있습니다. 지나치게 분주하게 살아갈 수밖에 없는 현대인들은 안식(휴식)에 대해 원래의 의미를 새길 필요가 있습니다. 안식의 의미를 정확히 이해한다면 우리는 두 가지를 얻을 수 있습니다. 하나는 잘 쉬는 방법이고 다른 하나는 현명하게 일하는 것에 대한 확실한 의미입니다.

하나님은 게으름과는 거리가 먼 '일하시는 하나님'입니다. "예수께서 그들(유대인)에게 이르시되 내 아버지께서 이제까지 일하시니 나도 일한다 하시매"(「요한복음」 5:17) 유대인은 안식일에 38년 된 병자를 고친 예수님의 활동을 비난할 뿐만 아니라 하나님을 자기의 친아버지라 부르는 것에 화가 나서 그를 죽이려 달려듭니다. 환자의 딱함 때문에 예수님은 안식일조차 쉬지 못하고 일을 하셨습니다만 예외적인 경우였을 것입니다.

『구약』은 하나님의 이름으로 6일 동안 열심히 일하고 난 다음 7일째 되는 날 비로소 일하지 않는 하루를 가질 것을 약속합니다.

> 하나님이 그가 하시던 일을 일곱째 날에 마치시니 그가 하시던 모든 일을 그치고 일곱째 날에 안식하시니라. 하나님이 그 일곱째 날을 복되게 하사 거룩하게 하셨으니 이는 하나님이 그 창조하시며 만드시던 모든 일을 마치시고 그날에 안식하셨음이니라.
> – 「창세기」 2:2-3

안식은 우리가 충분히 일해야 할 때 일한 다음에 누리는 선물입니다. 일하지 않은 사람은 안식을 누릴 수 없는 것이지요. 여기서 우리는 두 가지 의미를 구할 수 있습니다. 노동은 하나님이 주신 축복이고, 안식(휴식) 역시 하나님이 충분히 일한 자에게 주는 축복이라는 것입니다. 창조주 하나님이 노동 후에 휴식을 취한 것처럼 인간 역시 하나님을 본받아 그렇게 하도록 하신 겁니다.

여호와께서는 모세에게 일러 안식일을 하나님과 이스라엘 자손들 사이에 맺은 언약에 포함시킵니다. 십계명 가운데 네 번째가 '안식일을 거룩히 지키라'입니다. 이는 믿는 자에게는 안식이 선택이 아니라 필수라는 사실을 말합니다.

> 이같이 이스라엘 자손이 안식일을 지켜서 그것으로 대대로 영원한 언약을 삼을 것이니, 이는 나와 이스라엘 자손 사이에 영원한 표징이며 나 여호와가 엿새 동안에 천지를 창조하고 일곱째 날에 일을 마치고 쉬었음이니라 하라. -「출애굽기」 31:16-17

안식일은 육체적인 안식뿐만 아니라 영적인 안식을 하는 날입니다. 그리고 영혼이 가장 잘 쉴 수 있는 길은 예배 현장에 참석하는 것입니다. 푹 쉰 것 같은데 피곤하다면 영적인 안식이 없었다고 보시면 됩니다. 저는 아직 안식일을 백퍼센트 지키지 못하고 있지만, 주춧돌 위에 건축물을 짓듯이 말씀, 기도, 예배 등의 순서로 하나하나 신앙의 토대를 닦아가고 있습니다. 가까운 시일 내에 안식일을 잘 지킬 수 있도록 생활을 정비하고 있습니다.

그래도 믿음을 가진 이후의 변화 가운데 하나가 자연스럽게 예배 중심, 말씀 중심으로 주일의 시간 배분이 달라진 것입니다. 워크 홀릭처럼 일하던 저에게는 안식일에 예배에 참석하고 가능한 다른 활동을 줄이는 일은 큰 변화입니다. 이러한 우선순위의 조정은 억지로 이루어진 게 아니라 자연스럽게 일어난 것입니다.

그런데 우리는 안식(휴식)의 전제조건으로 노동에 대해서도 생각해봐야 합니다. 『성경』은 노동을 어떻게 이해하고 있을까요? 『성경』에는 모두 64회나 '행하라'는 문장이 등장합니다. 하나님은 '행동하는 것'을 사랑하셨습니다. 사도 바울은 이렇게 말하고 있습니다. "너희 안에서 행하시는 이는 하나님이시니 자기의 기쁘신 뜻을 위하여 너희에게 소원을 두고 행하게 하시나니."(「빌립보서」 2:13)

진정한 그리스도인이라면 거룩해지려는 소원, 의로워지려는 소원, 선한 사람이 되려는 소원, 예수님을 더 잘 알려는 소원, 전문성을 갖추려는 소원, 복음을 전하려는 소원 등을 위해 더 열심히 행동하게 되는데 이렇게 만드는 분이 바로 우리 안에 있는 성령 하나님입니다. 일하시는 하나님은 하나님 자신의 품성대로 우리를 닮아가도록 인도하십니다. 성령은 우리들로 하여금 일을 해야 하는 시간 동안 더 열심히 더 집중적으로 일하도록 만드십니다.

하나님의 형상대로 만들어진 우리 역시 해야 하는 일이라면 부지런히 열심을 다해서 집중적으로 해야 할 것입니다. 멋진 휴식은 집중적인 노동 다음에 오는 것임을 잊지 않도록 해야 합니다.

행복한 삶을 넘어 거룩한 삶으로

하나님이 우리를 부르심은 부정하게 하심이 아니요 거룩하심이니.
그러므로 저버리는 자는 사람을 저버림이 아니요
너희에게 그의 성령을 주신 하나님을 저버림이니라.

For God did not call us to be impure, but to live a holy life. Therefore, he who rejects this
instruction does not reject man but God, who gives you his Holy Spirit.

-「데살로니가전서」4:7-8

:: 우리는 저마다의 행복을 추구합니다. 우리가 이
것저것 여러 활동을 하는 것도 행복하기 위함이지요. 행복은 자주 즐
거움이나 쾌락과 같은 의미로 사용되기도 하고, 즐거움은 곧바로 행
복이라고 해석하는 분들도 많습니다. 이따금 즐거움을 극단적인 행
태로 추구하는 사람들도 있고요.

그런데 즐거움을 극단까지 추구하면 우리가 구하는 행복을 얻을 수
있을까요? 저는 그렇게 생각하지 않습니다. 행복이란 그 자체를 목표
로 추구하면 추구할수록 그에 따른 상실감이나 허무감도 찾아오기
마련입니다. 그렇다고 해서 즐거움을 추구하는 모든 활동이 필요하
지 않다는 것은 아닙니다. 다만 깊고 짙고 오래가는 즐거움은 '거룩'
이란 단어와 떨어지려야 떨어질 수 없다는 말입니다.

주변에는 인생의 온갖 향락을 극한까지 추구한 다음 나이가 들어서 예배당을 찾는 분들이 있습니다. 그분들은 책이 아니라 체험을 통해서 깨달음을 얻은 분들입니다. 이렇게 즐거움을 극한까지 추구한 경험을 가진 분들이나 지위나 부를 집요하게 추구한 분들도 "내가 행복한 인생을 살았다"고 말할 수 없는 것이 인생입니다.

어디서 무엇을 하든지 간에 우리가 진짜 행복을 누릴 수 있는 놀라운 길은 '거룩'과 밀접하게 연결되어 있습니다. 다시 말하면 하나님으로부터 멀어지면 멀어질수록 인간은 진정한 행복을 누리기 힘든 존재입니다. 『성경』은 예수님을 닮아가는 삶이 거룩한 삶이라고 말합니다. "오직 너희를 부르신 거룩한 이처럼 너희도 모든 행실에 거룩한 자가 되라."(「베드로전서」 1:15) "기록되었으되 내가 거룩하니 너희도 거룩할지어다 하셨느니라."(「베드로전서」 1:16)

성경에서 '거룩'은 '구별'과 동의어로 사용됩니다. 세상과 구별되게 살아야 한다고 말합니다. 구별될 때만이, 다시 말하면 거룩할 때만이 예수님께 한 걸음 더 다가갈 수 있습니다.

> 모든 사람과 더불어 화평함과 거룩함을 따르라. 이것이 없이는 아무도 주를 보지 못하리라. - 「히브리서」 12:14

그러면 어떻게 해야 거룩해질 수 있을까요? 『성경』은 "하나님의 말씀과 기도로 거룩하여짐이라"(「디모데전서」 4:5)라고 명확한 답을 제시하고 있습니다. 말씀에 붙잡힌 삶을 살아가라고 권합니다. 미국의 그렉 롤리 목사님 또한 "만일 당신이 행복한 인생을 살아가길 원한다면, 거룩한 삶을 살아가라"고 말씀하십니다. 미국의 철학자 에릭 호퍼 역시 "행복을 추구하는 것은 불행의 주요한 원천들 가운데 하나이다"라고 말합니다. 쾌락을 추구하는 것처럼 행복 그 자체를 추구하는 것은 행복을 가져다주지 않는다는 말입니다.

행복은 거룩함의 부산물입니다. 거룩하게 살다 보니까 덤으로 행복하게 되는 것이지요. 행복을 찾아 헤매는 사람들이 날로 늘어나는 시대에 행복이 단지 부산물이라는 사실은 새겨볼 만한 말입니다.

저는 모임에서 사람들을 만나거나 대중교통을 이용할 때면 상대방 얼굴을 유심히 보는 편입니다. 청년기는 워낙 젊음이 압도적인 힘을 발휘하는 시기인지라 얼굴에서 그늘을 찾기가 힘듭니다. 하지만 나이가 들면서 점점 젊음의 화려함은 가시고 얼굴에 내면세계가 그려지게 됩니다. 자신이 아무리 숨기려 해도 얼굴에 '삶의 행복도'가 자연스럽게 드러나는 것이지요. 생활이 세속적이면 세속적일수록 얼굴에는 무엇이라 표현할 수 없을 정도의 어둠과 쓸쓸함이 자리를 차지하게 됩니다. 돈이나 지위하고는 전혀 상관없는 것이지요.

시중에 나와 있는 행복에 관한 수많은 서적들이 행복의 문제를 직접 다룹니다. 이것을 하라 혹은 저것을 하라고 말입니다. 그런 조언들이 어느 정도 도움이 되는 것은 사실입니다. 하지만 그런 조언들이 갖고 있는 약점은 개인의 상황이나 처지 그리고 기분에 따라 적용변수가 심하다는 것입니다. 주변 상황에 전혀 구애받지 않고 행복할 수 있는 길은 오직 성령의 열매로 수확할 수 있습니다.

그것은 실로 언제 어디서나 수확이 가능한 것이지요. 비가 오나 눈이 오나 일이 잘 풀릴 때나 그렇지 않을 때나 말입니다. 이런 행복은 오직 '거룩하게 살라'는 방법을 통해서 얻을 수 있다고 봅니다.

얼마 전에 칠순을 넘어선 분과 세상 사는 이야기를 나누던 중, 그분이 이런 말씀을 하셨습니다. "신앙 위에 철학이 있고, 철학 위에 예술이 있는 겁니다. 후자의 두 가지는 우리에게 자유를 주기 때문에 더 가치가 있어요. 그렇다고 제가 그리스도교를 거부하는 건 아닙니다."

그래서 제가 물었습니다. 지금 행복하시냐고 말입니다. 그분은 "그렇다고 답할 수 없다"고 말하시더군요. 다만 그 원인에 대해, 노년은 신체의 모든 장기가 퇴화하기 때문에 행복이란 단어를 사용할 수 없다고 말했습니다.

제 생각은 다릅니다. 내일 죽음을 맞게 되는 감방에서도 '죽으면 죽으리라'는 마음으로 마음의 평정을 넘어 행복을 누릴 수 있는 사람이 있습니다. 극도로 건강 상태가 악화된 노인들을 문병 갈 때 저는 많은 생각을 하게 됩니다. 젊은 날부터 거룩한 삶을 차근차근 쌓아왔던 분들은 노년에도 평온함을 갖습니다. 질병이라는 외부 환경이 환자를 요동하게 만들지 못합니다. 그러나 그런 준비 기간이 없었던 분들은 자신의 고통을 가족들에게 끊임없이 털어놓음으로써 주변 사람들을 힘들게 합니다.

마음의 평온을 위해 『성경』 말씀을 자주 묵상하는 것에 비교될 수 있는 방법이 있을까요? 『성경』을 자주 듣거나 읽거나 설교를 접하다 보면 가슴에 꽂히는 문장들이 있습니다. 그런 문장 몇 가지를 잘 정리해두고 반복해서 읽고 생각하고 성찰하다 보면 환경에 휘둘리지 않는 행복을 누릴 수 있게 됩니다.

성경 말씀은 기록된 것이지만 그 말씀은 『성경』 바깥으로 부지런히 나들이를 나와야 한다고 생각합니다. 『성경』 말씀이 살아 숨 쉰다는 것, 즉 『성경』 말씀의 운동력을 확인해볼 수 있는 것은 그 말씀을 생활과 일터에서 부지런히 적용할 때입니다. 한 목회자는 "신앙은 『성경』 말씀을 삶 속으로 끌고 나오는 것이다"라고 말합니다. 저는 말씀은 적용되어야 하고, 그 적용으로 우리는 사람들에게 말씀의 운동력을 증거로 제시할 수 있어야 한다고 봅니다.

어떻게도 죄를 짓지 마라

네가 계명을 아나니 간음하지 말라,
살인하지 말라, 도둑질하지 말라, 거짓으로 증언하지 말라,
네 부모를 공경하라 했느니라.

— 「누가복음」 18:20

:: 예수님도 로마에 반란을 꾀한 정치범으로 내몰려 십자가에 못 박혀 죽으셨습니다. 유대인의 거짓 증언으로 인한 무고죄로 억울한 죽임을 당한 셈입니다. 무고는 거짓으로 상대방에게 죄를 덮어씌우는 것을 말하는데, 우리나라는 무고나 위증에 관한 한 세계 정상급 국가입니다. 법무부와 검찰에 따르면 한국은 남을 거짓으로 고소 고발하는 무고 사건이나 법정에서 거짓말을 하는 위증 사건이 수치상 세계 최고 수준이라고 합니다.

이렇게 기소된 수치로 따지면 무고죄는 일본의 217배, 위증죄는 일본의 171배라 합니다. 일본 인구가 우리의 2.5배임을 고려하면 그 간극은 더욱 벌어지는 현실이 놀랍기만 합니다.

무고를 당하면 시간 손실도 문제지만 당사자는 마음의 상처를 많

이 입게 됩니다. 그런데 『성경』에서 말하는 사악한 죄 가운데 하나가 거짓 증언으로 남을 곤경에 빠뜨리는 죄입니다. 하나님이 모세를 통해 이스라엘 백성들에게 내린 열 가지 계명 가운데 아홉 번째가 '이웃에게 불리한 거짓 증언을 하지 말라'는 것입니다. 살인, 간음, 도둑질 다음으로 나오는 계명입니다. 거짓 증언은 입에서 나오지만 그 원천은 악한 마음임을 『성경』은 이렇게 말하고 있습니다.

> 입에서 나오는 것들은 마음에서 나오나니 이것이야말로 사람을 더럽게 하느니라. 마음에서 나오는 것은 악한 생각과 살인과 간음과 음란과 도둑질과 거짓 증언과 비방이니. ─「마태복음」 15:18

어떤 경우이든 말을 꾸며내 상대방을 곤경에 빠뜨리지 않아야 합니다만 모든 사람에게 이를 기대할 수는 없습니다. 많은 사람들이 궁지에 처하면 살 길을 찾기 위해 거짓 증언을 하게 됩니다. 엘리트 관료였던 변양호 전 재경부 국장도 무고 때문에 고생을 심하게 한 분입니다. 그는 감옥에서 극심한 고초를 겪을 당시 예수님을 영접한 상황을 자전 에세이에서 이렇게 고백한 적이 있습니다.

"나는 원래 기독교 신자가 아니었다. 하지만 구속되고 나서 기적을 경험하고 믿음을 가지게 되었다. 죄 없이 감옥 생활을 하는 처참한 고통을 당했지만 지금이 훨씬 행복하다. 원수를 용서하는 마음도 갖게 되었다. 검찰도 용서했다. 나에게 뇌물을 주었다고 주장했던 김○○도 용서했다. 특별한 은혜를 받은 것이다. 고통이 축복이었다. 믿음을 갖게 되면서 주님께서 우리의 삶을 계획해놓으셨다는 생각도 하게 되었다."

　세상을 살다 보면 참으로 황당한 일을 당하는 경우가 있습니다. 무고죄로 고소당해 상심하는 경우가 일어날 수도 있는 것입니다. 자기 이익을 얻기 위해 무고로 표변하는 상대방을 어떻게 막을 수 있겠습니까? 무고로부터 몸과 마음을 상하지 않고 벗어날 수 있는 유일한 길은 그를 용서하고 하나님의 처분에 맡기는 일입니다. 하나님은 몇 번이나 용서해주어야 합니까라는 베드로의 물음에 일곱 번의 일흔 번까지도 용서해주라고 말씀하십니다.

> 너희가 무슨 일에든지 누구를 용서하면 나도 그리하고 내가 만일 용서한 일이 있으면 용서한 그것은 너희를 위하여 그리스도 앞에서 한 것이니. - 「고린도후서」 2:10

　무고나 음해를 만났을 때는 쉽지 않은 일이지만 용서가 최상의 방법입니다. 저는 여러분들이 무고와 직간접으로 관련된 일에 엮이지 않기를 바랍니다. 그러나 세상사에서 성공하면 성공할수록 치러야 할 비용 가운데 하나가 이런 류의 공격입니다. 혹시 이런 일을 만나게 되면 지나치게 상심하지 말기를 바랍니다.

언제나 처음처럼

우리가 시작할 때에 확신한 것을 끝까지 견고히 잡고 있으면
그리스도와 함께 참여한 자가 되리라.

We have come to share in Christ if we hold firmly till the end
the confidence we had at first.

- 「히브리서」 3:14

:: 옳은 일이라고 생각한다면, 처음 시작했던 마음 가짐을 갖고 우직하게 결실을 거둘 때까지 밀어붙일 수 있어야 합니다. 하지만 그게 말처럼 쉽지 않지요. 중간에 방해물이 나타날 수도 있고, 다른 사람과 비교해서 자신이 초라하게 보일 수도 있습니다. 기대한 대로 척척 일이 풀리지 않을 수도 있습니다. 이때 우리는 다른 길이 없을까를 생각하게 됩니다.

세속적인 기준으로 어떤 사람이 아주 머리가 좋고 뛰어나다면 여기서도 저기서도 잘할 수 있다고 봅니다. 그런데 자신의 능력이 다재다능하거나 아주 똑똑하지 않은 사람의 경우, 여기 기웃 저기 기웃거릴 만큼 인생은 길지 않다고 봅니다. 젊은 날에는 넓게 그물을 펴야 하지만 세월이 갈수록 조금씩 그물을 좁혀가야 합니다.

'처음처럼'이란 표현이 있습니다. 시작할 때의 마음가짐과 태도를 잊지 않아야 한다는 말입니다. 처음 시작할 때 신중하게 판단해야 합니다. 물론 중간에 상황이 기대한 대로 돌아가지 않거나 처음의 판단이 잘못되었다고 생각되면 선택한 길을 바꿀 수 있습니다. 그래서 우직한 게 늘 능사는 아닙니다.

모세가 가나안 정복을 앞두게 된 것은 험난한 광야 생활에서 하나님과 함께하면서 포기하지 않는 오래 참음이 있었기 때문입니다. 요셉도 마찬가지이지요. 총리 자리에 앉을 때까지 갖가지 고난을 하나님과 함께하면서 참아냈기 때문에 충분한 포상이 주어진 것입니다. 『성경』은 말합니다. "형제들아 주의 이름으로 말한 선지자들로 고난과 오래 참음의 본을 삼아라."(「야고보서」 5:10)

오늘날도 쉽게 포기하는 사람치고 뭔가를 이룰 수 있는 사람이 누가 있겠습니까? 하나님의 부르심에 응답하는 길을 가고 있다고 생각하시면 끝까지 밀어붙이기 바랍니다. 주변 사람들로부터 융통성이 없다는 이야기를 들어도 좋습니다. 그런 여러분의 길을 하나님이 동행할 것이며 끝내 그분이 주시는 상급도 충분히 받으실 수 있을 것입니다.

성령 충만한 분들이 누리는 성령의 열매에는 쉽게 포기함의 반대말인 '오래 참음'이 자리를 잡고 있습니다. 우직하게 무엇인가를 밀어붙이는 성향의 사람에게는 결과를 제쳐놓고라도 그렇게 행하는 과정 자체에 아름다움이 있다고 생각합니다. '오래 참음의 미학'이라고 할 수 있을 겁니다. 『성경』은 언제나 끝까지 부지런히 추구하라고 권면합니다.

우리가 간절히 원하는 것은 너희 각 사람이 같은 부지런함을 나타내어 끝까지 소망의 풍성함에 이르러. - 「히브리서」6:11

일단 시작하면 매듭을 짓는 삶을 살아야 합니다. 그것은 포기와 함께할 수 없답니다. 세월 속에서 한 사람의 내면세계에 차곡차곡 쌓이는 자긍심은 매듭을 하나하나 만들어갈 때 생겨납니다. 타인들은 그것을 알아차리지 못하지만 자신은 잘 알고 있습니다. 자신의 삶이 매듭짓는 삶이었는지 아니면 시작은 있었지만 끝이 없는 삶이었는지를 말입니다. 열매가 있는 삶은 큰일이든 작은 일이든 일단 시작한 것들에 대해서 하나하나 확실히 매듭짓는 데서부터 시작합니다.

영적 성숙을 향한 정성

너희가 내 안에 거하고 내 말이 너희 안에 거하면
무엇이든지 원하는 대로 구하라. 그리하면 이루리라. 너희가 열매를 많이 맺으면
내 아버지께서 영광을 받으실 것이요 너희는 내 제자가 되리라.

If you remain in me and my words remain in you, ask whatever you wish,
and it will be given you. This is to my Father's glory,
that you bear much fruit, showing yourselves to be my disciples.

– 「요한복음」 15:7-8

:: 어떻게 영성을 키울 수 있을까요? 위 『성경』구절
은 그 방법을 제시하고 있습니다. 믿는 자가 언제나 하나님 말씀을 가
까이하고 하나님과 함께 동행하면 뛰어난 영성을 갖게 된다는 것을
요. 인간이 동물과 다른 점이 무엇일까요? 지성과 영성을 모두 갖고
있다는 점입니다. 인간은 동물과 달리 이성을 갖고 있습니다. 그러나
『성경』은 사람들 중에는 이성보다 본능에 충실한 사람들이 있음에 대
해 이야기합니다. "그들은 이성 없는 짐승같이 본능으로 아는 그것으
로 멸망하느니라."(「유다서」 1:10)

이처럼 짐승 같은 사람들도 더러 있습니다. 하지만 대부분의 이성
을 가진 인간은 지식과 경험의 축적을 통해 판단력, 분별력, 문제해결
능력, 선견력 등과 같은 지적 능력을 갖추게 되는데 이를 지성이라 부

릅니다. 그리고 인간에게는 또 하나의 특별한 능력이 있습니다. 그것은 '영성'으로 '하나님의 눈으로 바라보는 능력', '하나님의 눈으로 무엇이 옳고 그른지를 판단할 수 있는 능력' 혹은 '하나님 말씀의 눈으로 바라보는 능력'을 말합니다.

예를 들어 누군가 공부를 열심히 해서 뛰어난 성적을 거두었다면 이는 지성을 잘 발휘한 것입니다. 그런데 누군가 어려운 환경 속에서도 좌절하지 않고 신실한 믿음을 견지한다면 이는 고난에서 하나님의 계획을 찾아내는 데 성공한 것입니다. 이 사람은 영성이 풍부한 사람입니다.

살다 보면 인간적인 눈으로 봤을 때 현명한 선택이라 생각한 것이 하나님의 눈으로 보면 바보스런 선택이 될 때가 있습니다. 이렇듯 지성과 영성이 충돌하는 사례는 『성경』에서도 자주 등장합니다. 다윗은 자신을 죽이기 위해 광분하는 사울 왕을 죽일 기회가 있었습니다. 부하들은 "지금이 절호의 기회입니다"라고 말하지만 다윗은 사울 왕을 죽이지 않습니다. 부하들의 제안이 하나님 눈으로 보시기에 올바른 선택이 아니라고 생각했기 때문입니다. 부하들은 지성에만 의존했던 것이고 다윗은 영성에 의존했던 것입니다.

다윗만의 이야기가 아닙니다. 크고 작은 결정을 내려야 할 때 영성이 뛰어난 사람들은 기도로 하나님의 계획과 응답을 확인하고자 노력합니다. 이때 "제가 어느 길을 선택하든 주님의 뜻에 따르겠습니다"라고 기도를 하지요. 그들이 의지하는 것은 영성이지 인간적인 욕망이나 계략이 아닙니다.

그렇다면 누구에게 풍부한 영성이 주어질까요? 영성은 성령 충만한 사람에게 주어지는 특별한 능력입니다. 따라서 하나님으로부터 주어지는 선물이자 성령의 은사입니다. 다음은 예수님이 제자들을 보내면서 성령과 함께 죄를 사하는 능력을 부어주시는 장면입니다.

> 예수께서 또 이르시되 너희에게 평강이 있을지어다. 아버지께서 나를 보내신 것같이 나도 너희를 보내노라. 이 말씀을 하시고 그들을 향하사 숨을 내쉬며 이르시되 성령을 받으라. 너희가 누구의 죄든지 사하면 사하여질 것이요 누구의 죄든지 그대로 두면 그대로 있으리라 하시니라. - 「요한복음」 21:16-18

그리스도인이 되고 나면 궁극적으로 성령이 충만해 지성을 넘어서 영성까지 획득하는 사람을 목표로 삼아야 합니다. 이미 여러 번 이야기했듯 성령은 하나님의 영인 성령 하나님을 말합니다.

'이 시대의 선지자'로 불리는 A. W. 토저 목사님은 『성령 충만Holy Spirit』이라는 책에서 그리스도교와 성령에 대해 이렇게 멋진 말을 남겼습니다.

> 하나님이 사람들 안에 거하신다! 이것이 바로 기독교. 자기 안에 거하시는 하나님을 체험하지 못한 사람은 아직 기독교의 능력을 제대로 체험한 것이 아니다. 기독교의 다른 모든 것들은 하나님이 우리 안에 거하시기 위한 예비단계에 불과하다.

믿는 자가 되면 성령 충만에 대해 깊은 관심을 갖게 됩니다. 어떻게 늘 성령 충만한 삶을 누릴 수 있을까요? 신학교 시절 성령 충만을 받기 위해 야간 기도부터 시작해 온갖 활동을 하며 몸부림치던 경험을 고백하는 목사님 이야기를 흥미롭게 들었던 적이 있습니다. 그분의 경험에 따르면 성령 충만으로 가는 길에도 양 극단이 존재한다고 합니다.

하나의 극단은 『성경』 말씀 공부는 아주 열심히 하면서 묵상이나 기도는 전혀 하지 않는 분들입니다. 이분들은 『성경』 말씀만 달달 외워 결국 걸어가는 사전과 같은 율법주의자가 될 위험이 있습니다. 다른 하나의 극단은 성령 체험에만 지나치게 관심을 가진 나머지 『성경』 말씀 공부를 아주 소홀히 하는 분들입니다. 이분들이 기도 중에 신비한 체험이라도 하게 되면 이내 신비주의로 빠져버릴 위험이 있습니다. 사실상 이단들이 즐겨 사용하는 방법입니다.

그렇다면 보통 그리스도인이 과연 성령 충만을 받을 수 있기는 한 것인지에 대해 다시 한 번 A. W. 토저 목사님의 이야기를 들어보겠습니다.

모든 그리스도인이 성령으로 충만할 수 있고 또한 충만해야 한다는 것은 논쟁의 여지가 없는 분명한 진리다. 그렇지만 어떤 사람들은 성령 충만이 보통의 그리스도인들을 위한 것이 아니라고 주장한다. 그러나 모든 그리스도인들은 회심(구원) 때 받았던 성령 충만보다 훨씬 더 많은 성령 충만을 받을 수 있다. 아니 한 걸음 더 나아가 오늘날 정통교리를 믿는 대부분의 신자들보다 훨씬 더 많은 성령 충만을 받을 수 있다고 나는 여기서 감히 단언한다.

저는 지나친 신유(병 고치는 은사), 방언, 병 고침 등과 같은 2차적인 목적을 위해 성령 충만을 구하는 것을 경계해야 한다고 봅니다. 그리고 말씀에 기초하지 않고 신비로운 개인적인 체험 그 자체를 지나치게 추구하는 것을 조심해야 한다고 봅니다.

저에게 성령 충만은 철두철미하게 올바른 말씀에 바탕을 둔 묵상과 기도로써 얻어야 하는 것이라고 생각합니다. 특히 정확한 복음에 바탕을 둔 묵상과 기도는 성령 충만이라는 하나님의 축복을 낳게 됩니다. 성령 충만은 영적인 능력과 힘을 가져다줄 것이고 이런 결과로 매일 매일 성령 충만의 증거(표적)를 가지게 될 것입니다.

그런데 하나님이 우리에게 성령 충만이라는 축복을 주시는 목적은 단지 잘 먹고 잘살라는 것은 아니라고 봅니다. 성령 충만이 가져오는 능력과 힘 그리고 증거물로 더 많은 영혼을 구원하게 하기 위해서입니다. 오늘날 그리스도인 가운데서도 그저 자기 복만을 구하는 분들이 있다면 믿음의 올바름과 건강함에 대해 생각해봐야 할 것입니다.

그렇다면 제가 생각하는 성령 충만의 증거는 무엇일까요? 일단은 사람이 온화해지는 것이고, 저처럼 말과 글로 살아가는 사람이라면 『성경』 말씀을 세상에 증거하려는 강한 힘을 느끼게 되는 것입니다. 스스로 인간적인 의지나 노력으로 복음을 전하는 것이 아니라 자연스럽게 진리를 알려야겠다는 강한 추진력을 얻게 되는 것이지요. 이를 두고 저는 성령의 역사이자 성령 충만의 결과라고 생각합니다.

성령 충만은 「사도행전」에서 밝힌 베드로와 요한의 고백과 같은 상황을 맞는 일입니다. 즉 "우리는 보고 들은 것을 말하지 아니할 수 없다 하니."(「사도행전」4:20)

아마도 이것은 "개인적 이익이나 입장에 손해를 보더라도 입을 다물 수 없어서 담대하게 말하지 않을 수 없다"는 것이 정확한 표현일 것입니다.

또한 예수와 복음과 관련된 모든 것들을 더 정확하게 알고 싶기 때문에 말씀 공부에 대단한 열의를 보이게 되는 것도 성령 충만의 증거일 것입니다. 더 잘 알면 알수록 자신은 더 강한 확신을 가질 수 있고 그럼으로써 다른 사람에게 더 잘 알릴 수 있기 때문입니다.

뛰어난 필력을 가졌던 문인들 중에는 생전에 예수님을 영접했던 분들이 많습니다. 그런데 그분들이 세상을 떠날 즈음에 보면 그동안의 작품에서 예수에 관한 이야기를 찾아보기 힘든 경우가 있습니다. 너무 크고 어려운 주제라서 다루지 못하셨구나 하고 이해할 수도 있습니다. 하지만 저는 그분들이 그리스도교와 복음의 실체를 정확히 알았더라면 과연 침묵할 수 있었을까라는 생각을 하게 됩니다.

단순한 신자로서 교회나 성당을 오고 간 것이 아니라 복음의 실체를 정확히 이해했다면 자신의 작품 활동에서 예수와 복음을 알리지 않고서는 스스로 배겨날 수 없었을 것입니다. 알리도록 만드는 그 힘은 스스로 거부하기에 너무 강한 것이기 때문입니다. 이는 베드로가 제사장들과 성전 맡은 자 그리고 사두개인 앞에서 목숨의 위협을 당할 수 있는 상황이었음에도 불구하고 이렇게 담대하게 외치는 것과 같은 일입니다. 이런 담대함은 베드로의 의지에서 나오는 것이 아니라 성령의 강력한 역사에서 나오는 것입니다.

다른 이로서는 구원을 얻을 수 없나니 천하 인간에 구원을 얻을 만한 다른 이름을 우리에게 주신 일이 없음이니라 하였더라.

– 「사도행전」 4:12

기이한 체험보다는 "하루바삐 이 좋은 소식을 다른 사람에게 알려야겠다"는 마음이야말로 성령 충만의 주요한 증거입니다. 그리고 영성은 성령 충만과 깊은 관련이 있습니다. 영성 발달은 성령 충만을 통해서 가능해집니다.

성경에서 답을 찾다

4부

염려를 맡기고
오직 사랑으로
맞서라

"하나님은 사랑이시라.
사랑 안에 거하는 자는 하나님 안에 거하고 하나님도
그의 안에 거하시느니라."

-「요한일서」4:16

말씀은 살아숨쉰다

하나님의 말씀은 살아 있고 활력이 있어 좌우에 날 선 어떤 검보다도
예리하여 혼과 영과 및 관절과 골수를 찔러 쪼개기까지 하며
또 마음의 생각과 뜻을 판단하나니.

For the word of God is living and active. Sharper than any double-edged sword,
it penetrates even to dividing soul and spirit, joints and marrow;
it judges the thoughts and attitudes of the heart.

– 「히브리서」 4:12

::성경을 대하는 사람들의 태도는 제각각입니다. 세계에서 가장 많이 팔린 책이지만 이해하기 힘든 내용이 잔뜩 들어 있는 책이라고 생각하는 사람이 있는 반면, 읽으면 읽을수록 재미있고 파고들면 들수록 오묘한 진리를 체득할 수 있다고 고백하는 사람도 있습니다.

제 경우에도 몇 권의 『성경』이 집안 여기저기에 있었지만 읽었던 기억은 별로 없습니다. 두터운 볼륨 자체가 주는 부담감도 있었고 종교적인 색채가 주는 부담감도 있었기 때문입니다. 제 믿음 생활은 듣는 일로부터 시작되었습니다. 목회자의 설교를 들으면서 서서히 기독교에 호기심과 흥미가 생겼고 『성경』 자체를 공부해야겠다는 생각에 스마트폰에 『성경』 말씀을 다운로드 받기에 이르렀습니다. "믿음

은 들음에서 나며 들음은 그리스도의 말씀으로 말미암았느니라"(「로마서」 10:17)라는 말씀처럼 믿음은 들음으로부터 시작되는 경우가 많은 것 같습니다.

그렇게 들음에서 시작한 저는 가장 잘 들리는 목회자의 설교와 『성경』 듣기를 수십 번 수백 번 반복하면서 드디어 『성경』을 본격적으로 읽기 시작했습니다. 읽고 또 읽기를 반복하면서 홈페이지에 '성경산책'이란 이름으로 짧은 단상을 올리기 시작했습니다. 그러다가 더 미루지 말고 직접 『성경』에 대한 책을 쓰면서 신앙을 더 깊이 이해하고 체계화해보고 싶다는 생각을 갖게 되었습니다. 한 걸음 나아가 저의 이런 작은 노력으로 더 많은 사람들이 이 대단한 소식을 접할 수 있으리라는 소망에서 『성경』에 대한 첫 번째 책을 집필하기 시작했습니다.

듣는 일, 읽는 일, 암송하는 일 그리고 묵상하는 일이 어우러지면 하나님 말씀을 더 깊이 이해할 수 있습니다. 제 아이들에게는 이런 이야기를 자주 합니다. "아버지가 젊은 날부터 신앙을 가졌더라면 『성경』 문장을 더 많이 암송했을 것이다. 너희들에게 어린 시절부터 그런 유산을 물려주지 못했으니까 이제부터라도 부지런히 마음에 들어오는 문장을 통째로 외워버려라. 나중에 시작한 자가 먼저 시작한 자를 앞설 수 있다."

스스로 붙잡고 즐겨 묵상하는 문장은 「히브리서」 4장 12절 구절처럼 날이 시퍼렇게 선 검보다 더 예리하게 자신의 영과 혼과 육 곳곳에 깊이 파고들어온다는 느낌을 갖게 됩니다. 그런 문장들은 마음이 흔들릴 때나 힘이 들 때 그리고 괴로울 때나 기쁠 때, 그 어떤 순간에서도 끄집어내 사용할 수 있습니다. 여러분이 가진 인생사의 모든 문제들에 해답을 제시할 수 있는 무기가 바로 『성경』 말씀입니다.

구원의 투구와 성령의 검 곧 하나님의 말씀을 가지라.

- 「에베소서」 6:17

숨어서 읽지 않아도 언제든지 『성경』 말씀을 읽고 들을 수 있으니 이 땅에서 살아가는 것이 얼마나 축복된 인생인가를 자주 되새기고는 합니다. 당연하게 보이지만 언제 어디서나 원하기만 하면 『성경』 말씀을 들을 수 있는 시대에 나서 사는 일만으로도 엄청난 축복을 받은 것입니다. 이런 시대임에도 불구하고 "이게 참으로 귀한 것이구나"라고 믿고 행동하는 사람들에게만 『성경』 말씀이 들릴 수 있고 읽힐 수 있는 법이지요.

믿음은 들음에서 난다

누구든지 주의 이름을 부르는 자는 구원을 받으리라.
그런즉 그들이 믿지 아니하는 이를 어찌 부르리요 듣지도 못한 이를
어찌 믿으리요 전파하는 자가 없이 어찌 들으리요.

For, "Everyone who calls on the name of the Lord will be saved." How, then,
can they call on the one they have not believed in? And how can they believe in the one of
whom they have not heard? And how can they hear without someone preaching to them?

－「로마서」10:13-14

:: "가물어 메마른 땅에 단비를 내리시듯 성령의 단비를 부어 새 생명 주옵소서."

찬송가 183장의 후렴구처럼, 『성경』 말씀을 듣는 일은 메마른 땅과 같은 심령에 단비가 내리는 일입니다. 듣는 일은 읽는 일보다 훨씬 쉽습니다. 복음에 관심이 있는 사람이라면 듣기부터 시작하는 것이 좋습니다. 이런 점에서 "듣지 못한 이를 어찌 믿으리요"라는 말씀은 정확합니다.

성경 말씀을 배우는 첫걸음은 올바른 말씀의 장소를 찾아서 자주 듣는 일입니다. 이런 면에서 보면 인터넷 환경이 잘 마련되어 있는 이 시대는 『성경』 말씀을 쉽게 들을 수 있다는 점에서는 대단한 시대입니다. 특히 모바일 기기의 대중화는 듣고자 하는 사람들에게는 축복

입니다. 복음, 즉 예수 그리스도를 통한 구원의 기쁜 소식, 즉 예수 그리스도의 죽음을 통해 주어진 하나님의 구원을 전하는 좋은 소식을 언제 어디서나 접할 수 있습니다.

그런데 이러한 말씀이 잘 들리는 곳이 있고 그렇지 않은 곳이 있습니다. 이는 목회자의 실력 문제라기보다는 사람마다 취향과 기질이 다르기 때문일 것입니다. 사람에 따라서 어떤 목회자의 말씀은 잘 들어오지 않는데 어떤 분의 말씀은 마치 메마른 땅에 단비 내리듯 영혼을 적시기도 합니다.『성경』은 이를 두고 성령의 역사라고 말합니다.

제가 젊은 날 교회를 다녔음에도 불구하고 믿음을 갖지 못한 데는 두 가지 원인이 있었습니다. 하나는 말씀을 받아들일 준비가 되어 있지 않았기 때문이고, 다른 하나는 말씀이 들리지 않았기 때문입니다. 따라서 영적인 방황을 줄일 수 있는 방법은 조금이라도 더 잘 들리는 분과 잘 들리는 곳을 선택하는 것입니다.

> 믿음은 들음에서 나며 들음은 그리스도의 말씀으로 말미암았느니라. -「로마서」 10:17

이는 강력한 메시지입니다. 지금도 저는 이동하는 시간이면 늘 듣습니다. 듣고, 듣고 또 듣습니다. 걸어갈 때도 자주 듣습니다.『성경』에는 들음과 읽음의 중요성을 강조하는 대목이 여러 군데 등장하는데, 이 가운데 하나가 "그러나 너희 눈은 봄으로, 너희 귀는 들음으로 복이 있도다"(「마태복음」 13:16)입니다.

여러분 가운데 믿음은 없더라도『성경』에 호기심을 가진 분이라면 우선 주변의 믿는 지인들로부터 잘 들리는 목회자를 소개받기 바랍니다. 한 분도 좋고 여러 분도 좋습니다. 일단 들어보세요. 큰마음 먹지 말고 마치 즐거운 팝송을 듣는 것처럼 말입니다. 여러분이 믿어야 할 때라면 말씀이 귀에 쏙쏙 들어올 것입니다. 그때가 바로 믿음을 가져야 할 때랍니다. 말씀에 갈급함을 느끼면 느낄수록 마치 소나비가 대지를 적시듯이 한꺼번에 폭발적인 속도로 말씀이 차고 넘치게 됩니다. 그 말씀들 가운데 유독 가슴에 와 닿는 문장에 자연스럽게 주목하게 되지요. 이렇게 해서 말씀을 붙잡게 됩니다.

말씀 공부를 하다 보면 이런 문장들이 객관적인 문장이 아니라 하나님의 음성임을 느끼게 됩니다. 그리고 이내 말씀의 힘이 가져오는 다양한 증거들을 직접 확인할 수 있습니다. 그때부터는 다른 사람들에게 알리지 않고선 스스로 참을 수 없게 됩니다.

저는 누군가를 새로 만날 때면 꼭 말씀이 잘 들리는 분이나 장소를 소개합니다. "교회 나가시기 바랍니다"라고 권하기보다는 "일단 00 말씀을 한번 들어보세요"라는 이야기를 먼저 전합니다. 믿음을 갖기 시작할 즈음만 하더라도 이렇게 복음 말씀을 전하는 일을 중요하게 생각하지는 않았습니다. 그러나 『성경』 말씀을 더 깊이 이해할수록 복음을 전하는 일이 참으로 중요한 일이라는 사실을 깨닫게 됩니다.

영혼을 구원하는 일이 정말 중요한 이유는 믿음은 저절로 생겨날 수 없기 때문입니다. 누군가 복음을 제대로 전해주어야 그분을 구할 수 있기 때문입니다. 『성경』에도 전도의 중요성이 여러 군데에 증거되어 있습니다.

"가서 모든 족속으로 제자를 삼으라."(「마태복음」 28:10), "오직 성령이 너희에게 임하시면 너희가 권능을 받고 예루살렘과 온 유대와 사마리아와 땅끝까지 이르러 내 증인이 되리라."(「사도행전」 1:8), "하나님의 지혜에 있어서는 이 세상이 자기 지혜로 하나님을 알지 못하는 고로 하나님께서 전도의 미련한 것으로 믿는 자들을 구원하시기를 기뻐하셨도다."(「고린도전서」 1:21)

손위 형이 오랜 시간 믿음을 가져왔습니다. 형제들 모임에 올 때마다 전도를 위한 작은 소책자를 가져와서 권하고는 했었지요. 그때는 그저 "원래 착실한 형이니까"라고 생각하고 말았는데, 이제 저도 그럴 정도가 되었으니 참으로 신기한 일이지요. 제가 이렇게 변화할 줄 정말 몰랐으니까요.

듣다가 믿게 되고, 믿다가 말씀에 갈급함을 느껴 더 열심히 공부하게 됩니다. 그런 공부들이 믿음의 증거를 가져오고 이런 체험을 통해서 더 잘 믿으려 한답니다. 일단 이런 선순환이 이루어지면 말씀을 듣기 시작한 사람은 스스로가 보기에도 놀라운 변화를 경험하게 됩니다.

염려를 모두 맡기라

너희 염려를 다 주께 맡기라. 이는 그가 너희를 돌보심이라.

Cast all your anxiety on him because he cares for you.

－「베드로전서」5:7

:: 계획을 세워서 완벽하게 일을 추진하는 데 익숙한 사람일수록 염려가 심합니다. 계획한 대로 일이 제대로 진행될까? 만일 제대로 안 되면 어떻게 하지? 이런 염려와 불안 때문에 잠을 설치고 초조해 하는 분들도 있습니다. 하지만 예수님은 염려를 모두 주께 맡기라고 말씀하십니다. 인생 모든 문제의 해결자이신 예수님은 자신의 능력으로 모든 문제를 해결하실 것을 약속하신 것입니다.

우리가 매일 매일 기도하면 하나님께서 매일 우리에게 염려하지 말하는 의미로 성경에 365번 나옵니다.

그럼에도 불구하고 믿는 자 가운데서도 염려 때문에 안절부절 못하는 사람들이 있습니다. 이런 분들은 어떻게 해야 할까요? 이때는 세 가지를 생각해보면 됩니다. 첫째, 나는 누구인가? 둘째, 내가 염려함으로써 해결되는 것이 있는가? 셋째, 내일 일을 미리 염려할 필요가 있는가?

여러분이 누구인가요? 여러분이 믿는 자라면 여러분의 신분은 하나님 자녀입니다. 하나님 자녀에게 예수님이 무엇을 약속하셨는지를 생각해보기 바랍니다. 먹을 것, 입을 것 등 삶에 필요한 모든 것을 공급해주시리라 하나님은 약속하셨습니다. 자신의 신분을 다시 한 번 새겨본다면 염려를 뿌리째 뽑아버릴 수 있습니다.

> 또 제자들에게 이르시되 그러므로 내가 너희에게 이르노니 너희 목숨을 위하여 무엇을 먹을까 몸을 위하여 무엇을 입을까 염려하지 마라. - 「누가복음」 12:22

> 그러므로 염려하여 이르기를 무엇을 먹을까 무엇을 마실까 무엇을 입을까 하지 마라. - 「마태복음」 6:31

한편 염려를 실용적인 관점에서 바라볼 필요가 있습니다. 염려함으로써 어떤 유익함이 있을까요? 여러분이 전전긍긍한다고 해서 도움이 되는 일이 있을까요? 몸과 마음만 상할 뿐 유익함이라고는 하나도 없습니다. 믿는 자 가운데 쉽게 염려에 빠지는 분이라면, 그것이 아무런 유익이 없음을 기억하기 바랍니다.

> 또 너희 중에 누가 염려함으로 그 키를 한 자라도 더할 수 있느냐. - 「누가복음」 12:25

내일 일을 두고 습관적으로 염려하는 일에 익숙한 분이라면 괴로움이나 걱정이나 염려는 다만 '한 날'에 하는 것만으로 족하다는 『성경』 말씀을 새기기 바랍니다. 우리는 앞날을 준비하는 일과 염려하는 일을 구분할 수 있어야 하고, 최대한 염려의 무용함을 자신에게 납득시킬 수 있어야 합니다.

> 그러므로 내일 일을 위하여 염려하지 마라. 내일 일은 내일이 염려할 것이요 한 날의 괴로움은 그날로 충분하니라. - 「마태복음」 6:34

이 모든 것을 종합하면 염려는 백해무익한 것임을 쉽게 알 수 있습니다. 여러분은 어떤가요? 염려가 많은 편입니까? 저는 믿음을 갖기 전에는 염려가 좀 심한 편이었습니다. 그런데 믿음이 가져오는 큰 힘 가운데 하나가 바로 염려의 대부분을 제거한다는 사실을 깨닫게 되었습니다. 믿는 자는 하나님이 염려에 대해 말씀하신 약속을 굳게 믿습니다. 하나님께서 여호수아에게 하신 말씀은 믿는 모든 자들이 함께 누릴 수 있는 축복입니다.

> 내가 네게 명령한 것이 아니냐 강하고 담대하라 두려워하지 말며 놀라지 말라 네가 어디로 가든지 네 하나님 여호와가 너와 함께하느니라 하시니라. - 「여호수아」 1:9

살면서 우리는 대부분의 통념을 큰 고민 없이 받아들입니다. '인생은 고(苦)이다'라는 세계관을 받아들일 수도 있지요. 수없이 그런 이야기를 듣고 자랐을 테니까요. 그러나 믿음을 갖게 되면 그런 세계관이 뿌리를 내릴 수 없습니다. 마찬가지로 '삶에서 염려와 불안감은 불가피하다'는 통념 또한 믿는 자에게는 다르게 받아들여지게 됩니다. 믿는 자라면 "내가 과연 하나님의 자녀인가? 그렇다고 답할 수 있다면 불안과 염려가 어떻게 나의 앞길을 막을 수 있겠는가?"라고 스스로 자문자답할 수 있습니다.

참된 성공으로 이끄는 말씀

사랑하는 자여 네 영혼이 잘됨같이
네가 범사에 잘되고 강건하기를 내가 간구하노라.

Dear friend, I pray that you may enjoy good health and that all may go well with you,
even as your soul is getting along well.

- 「요한삼서」 1:2

::성경에는 '성공'이란 단어가 단 한 번도 등장하지 않습니다. '잘됨'이 한 번, '잘되고'란 표현이 두 번 등장할 뿐입니다. 그런데 저는 『성경』을 공부하면서 하나님 말씀에 순종하는 사람이라면 영적인 성공은 물론이고 세속적인 성공도 상당 수준까지 가능하다는 생각을 했습니다. 세속적인 성공이 태도와 습관에서 기인하는 바가 적지 않다고 가정하면, 『성경』 속에는 차고 넘칠 정도로 풍부한 성공 비법들이 들어 있습니다.

성경은 소망과 야망을 성취하는 비법에 대해서 직접적으로는 그 어떤 언급도 하지 않습니다. 그러나 믿는 자가 되어 자신의 나쁜 태도와 습관을 죽이고 성령이 왕성하게 활동할 수 있도록 허락한다면 사랑, 기쁨, 화평, 오래 참음, 부드러움, 선함, 믿음, 온유, 절제를 성령의 열매로서 수확할 수 있으니 이로써 세속적인 성공도 이룰 수 있는 것입니다.

다음 말씀처럼 하나님과 맺은 언약을 잘 지키는 것은 성공으로 가는 데 필수적인 요소들입니다. "너희가 다 내게 속했나니 너희가 내 말을 잘 듣고 내 언약을 지키면 너희는 모든 민족 중에서 내 소유가 되겠고"(「출애굽기」 19:5), "이(부모를 공경함)로써 네가 잘되고 땅에서 장수하리라."(「에베소서」 6:3)

뿐만 아니지요. 예수님은 「마태복음」에서 금 다섯 달란트와 두 달란트를 두 배로 불린 종은 칭찬하고 한 달란트를 땅에 묻어두었던 종은 '악하고 게으른 종'이라고 질책하셨습니다. 이렇듯 적극적으로 자신의 재능을 활용하라는 예수님의 권면은 세속적인 성공에 필수적인 요인이지요. 게다가 하나님은 『성경』 곳곳에서 '행하라'고 권하십니다. 부지런히 자신에게 주어진 재능을 발휘하라고 거듭 말씀하십니다.

성공의 크기 역시 하나님 말씀에 대한 순종의 크기와 비례합니다. 믿지 않는 자는 인간의 노력만으로도 충분히 성공할 수 있다고 말합니다만 믿는 자는 하나님의 도움과 인도가 함께하지 않으면 본질적인 일의 성취는 가능하지 않다고 말합니다.

마음의 경영은 사람에게 있어도 말의 응답은 여호와께로부터 나오느니라. 사람이 마음으로 자기의 길을 계획할지라도 그의 걸음을 인도하시는 이는 야훼시니라. - 「잠언」 16:1

사람이 마음으로 자기의 길을 계획할지라도 그의 걸음을 인도하시는 이는 여호와시니라. - 「잠언」16:9

'그의 걸음을 인도하시는 자는 여호와 하나님이시라'는 메시지는 믿는 자에게는 금쪽같은 말이지만 그렇지 않은 자에게는 아무 울림이 없는 말일 것입니다. 사실 믿는 자들은 큰 성공은 하나님이 복을 부어주실 때만이 가능하다고 믿습니다. 젊은 날의 저는 잘 계획하고 추구하면 얻지 못할 것이 무엇이 있겠는가 생각했지만 세월의 흐름 속에서 자신이 어찌해볼 수 없는 영역이 너무 크다는 사실을 겸허하게 받아들이게 됩니다.

저는 다음과 같은 『성경』 말씀을 받아들이기 시작하면서 믿음을 갖게 되었습니다. "다만 그들이 항상 이 같은 마음을 품어 나를 경외하며 내 모든 명령을 지켜서 그들과 그 자손이 영원히 복 받기를 원하노라."(「신명기」5:29), "내가 너로 큰 민족을 이루고 네게 복을 주어 네 이름을 창대하게 하리니 너는 복이 될지라."(「창세기」12:2)

성경은 성공을 직접 언급하지 않지만 성공과 행복으로 가는 방법으로 가득 차 있습니다. 가짜 성공이 아니라 진짜 성공을 위한 탁월한 말씀으로 이루어진 것이 『성경』입니다.

너희에게 힘주는 자 분명 있으니

여호와께 능하지 못한 일이 있겠느냐.

Is anything too hard for the LORD?

- 「창세기」 18:14

:: 하나님은 사람의 눈으로 볼 때 턱없는 약속을 하시기도 합니다. 아브라함의 아내 사라가 자식을 가질 것이라고 하나님은 말씀하셨지요. 그러나 나이가 많고 생리가 끊어진 지 오래된 사라가 어떻게 아이를 낳을 수 있을까요? 장막 뒤에서 하나님의 말씀을 듣게 된 사라는 속으로 웃고 맙니다. 하나님 말씀을 믿을 수 없었던 사라는 "내가 늙었거늘 어떻게 아들을 낳을 수 있겠습니까"라고 대답합니다. 이에 대한 하나님의 약속이자 예언이 "여호와께 능하지 못한 일이 있겠느냐"입니다.

하나님이 가진 자연적 속성 가운데는 모든 능력을 갖춘 전능성이 있습니다. 인간에게는 도저히 불가능해 보이는 것들일지라도 하나님에게는 가능하다는 것이지요. 믿는 자는 하나님의 존재를 받아들임과 아울러 하나님의 속성인 영원성, 불변성, 전능성, 전지성 그리고 무소부재성을 받아들입니다. 『성경』에는 하나님의 전능성을 증언하는 말씀이 여러 곳에 등장합니다.

> 나는 여호와요 모든 육체의 하나님이라 내게 할 수 없는 일이 있겠느냐. - 「예레미야」 32:27

「마태복음」에도 비슷한 말씀이 나옵니다. 부자 청년 이야기지요. 갖고 있는 재물을 팔아서 가난한 사람들에게 나눠주고 자신을 따르라는 예수님 이야기에 부자 청년은 근심하며 떠나고 맙니다. 제자들이 심히 놀라서 예수님께 물어봅니다. 그러면 누가 구원을 얻을 수 있겠느냐고 말입니다. 제자들이 보기에는 구원의 조건이 너무 엄격했기 때문입니다. 이때 예수님은 이렇게 말씀하십니다.

"사람으로는 할 수 없으나 하나님으로는 다 하실 수 있느니라."(「마태복음」 19:26)

예수님 말씀의 요지는 부자가 천국에 들어가기는 어려운 것이 사실이지만 하나님이 주시는 대가 없는 선물, 즉 하나님의 은혜로 분명 구원을 받을 수 있다는 것입니다. 부유함이라는 것은 인간이 내려놓기 가장 어려운 것 가운데 하나입니다. 그래서 부자 청년은 예수님의 명령에 선뜻 "네, 그렇게 하겠습니다"라고 답하기 어려웠을 것입니다.

인간의 의지나 노력만으로는 물질에 대한 애착을 내려놓기 힘듭니다. 사람이 자기 생각이나 의지만으로 물질이라는 것이 그렇게 대단한 것이 아니라는 생각을 하기는 쉽지 않습니다. 그러나 믿음을 갖게 되면 물질에 대한 애착을 상당 부분 내려놓게 됩니다. 그것은 우리 몸에 함께 있는 하나님의 영 즉 성령의 활동 때문에 가능한 일입니다. 하나님의 은혜로 가능하다는 이야기지요. 이처럼 하나님은 도저히 가능하게 보이지 않는 것조차 가능하게 하시는 분입니다.

성경에는 큰 부자였지만 하나님의 은혜로 경건한 사람이 된 인물로 욥을 소개합니다. 「욥기」에는 인간이 상상할 수 있는 모든 고난을 다 당하고 자신이 가진 모든 것을 다 잃어버리고 난 다음 욥이 회개하면서 고백하는 말씀이 등장합니다.

"주께서는 못하실 일이 없사오며 무슨 계획이든지 못 이루실 것이 없는 줄 아오니."(「욥기」 42:2)

온갖 고난을 다 당한 후에 의인 욥의 입에서 흘러나오는 고백은 하나님이 어떤 분이신지를 다시 한 번 생각하게 합니다. 그래서 믿음을 가진 자들에게는 인간의 눈으로 볼 때 불가능한 것이 기도로써 가능해집니다. 지성의 눈이 아닌 영성의 눈으로 보아야만 이해될 수 있는 일들이 세상에는 분명히 있습니다.

제가 감동받은 한 분의 이야기를 전하겠습니다. 그분은 편안하게 노후를 보낼 수 있는 분이었습니다. 공직에서 물러난 이후에도 최고경영자로서 왕성하게 활동하신 분입니다. 언제나 나라를 위한 일이라면 자신을 던지다시피 살아온 분이었습니다. 그렇게 열심히 사시다 모든 자리에서 물러난 이후 기도 중에 하나님 음성을 듣게 됩니다. "(얼마 전에 다녀왔던 필리핀에서도 오지인) 민도르 섬으로 가서 가난한 사람을 도우라"는 것이었습니다.

"왜 접니까? 저는 못 갑니다. 3월 말이면 제가 퇴직금 타는데 그것 몽땅 드리겠습니다."

이렇게 통사정을 했다고 합니다. 하지만 완고한 하나님 말씀을 거역할 수 없어 항복하고 오지를 향했습니다. 하나님 말씀에 순종해서 66세에 편안하고 안락한 서울 생활을 남겨둔 채 필리핀 남쪽 민도르 섬으로 향하고 맙니다. 그곳에서 원주민들 대상으로 선교활동을 하며 그들에게 농사짓는 법을 가르치고 지금은 아홉 개의 교회를 세우고 수천 킬로그램의 쌀을 생산해 원주민에게 큰 도움을 준 장로로 통하고 있습니다. 오래전에 통상산업부 차관을 지냈던 박운서 전 차관의 인생 이야기입니다.

몇 해 전에 그분이 귀국한 길에 후배들과 함께한 모임에서 "여러분과 마찬가지로 나를 불쌍하게 생각하는 옛 동료들도 많다. 나를 이해할 수 없다고 고개를 내젓는 사람도 많다"고 말했습니다. 인간의 눈으로 보면 노년에 사서 고생을 하는 사람을 어떻게 이해할 수 있겠습니까? 이분이 하나님께 부르심을 받지 않았다면 어찌 그 나이에 문명의 이기와는 담을 쌓은 곳에 갈 수 있었겠습니까? 박운서 장로는 이렇게 말합니다.

"(세상 사람들이 뭐라 할지라도) 나는 행복하다. 부러운 사람이 하나도 없다. 나누는 일 그 자체로 행복하다. 이곳 원주민들이 쌀농사를 지어 잘 먹고 잘사는 모습을 보니 보람이 느껴지고 행복하다."

목회자나 선교사들 중에는 이따금 불미스런 일에 관여되어 비판을 받는 사람도 있습니다. 그러나 대부분의 목회자나 선교사들은 하나님의 부르심을 받은 분들입니다. 오늘날 한국의 개신교에 대한 비판

의 목소리가 높지만 대부분의 목회자와 선교사들은 열악한 환경에서
도 복음을 전하고 있습니다.

이억주 목사(한국교회언론회 대변인)의 통계에 따르면 한국의 6만 교
회 가운데서 1천 명 이상이 모이는 대형교회는 562곳에 지나지 않는
다고 합니다. 전체 교회의 약 80퍼센트가 열악한 환경에 놓여 있으며
이 가운데 절반은 근근이 최저생계비로 생활하고 있다고 합니다. 해
외 선교사들의 형편은 국내보다 훨씬 열악합니다.

그들 가운데 자신의 영광을 위해 목회자가 된 분들이 과연 몇이나
될까라는 생각을 자주 해봅니다. 부르심을 받지 않고는 인간의 의지
나 욕구만으로 제대로 하기 힘든 일이 예수님과 복음을 알리는 일이
라 생각합니다.

부족함을 감사해야 하는 이유

나에게 이르시기를 내 은혜가 네게 족하도다 이는 내 능력이 약한 데서
온전하여짐이라 하신지라. 그러므로 도리어 크게 기뻐함으로
나의 여러 약한 것들에 대하여 자랑하리니.

But he said to me, "My grace is sufficient for you, for my power is made perfect in
weakness." Therefore I will boast all the more gladly about my weaknesses,
so that Christ's power may rest on me.

－「고린도후서」 12:9

:: "이것만 되면 좋을 텐데."

이런 이야기를 우리는 자주 입에 담고 삽니다. 소망이 있어야 살아
갈 수 있으니까요. 그런데 조건을 중심으로 보면 삶은 늘 부족합니다.
사람들이 좀처럼 감사할 수 없는 이유도 '이런저런 조건만 충족되면'
이란 단서를 붙이기 때문일 것입니다. 쉽게 상처받는 것, 콤플렉스 느
끼는 것 모두 조건 때문입니다. 그런데 자신이 원하는 조건이 모두 충
족되는 일이 일생에서 몇 번이나 가능한 일일까요? 그것은 아주 드문
일일 테고 어쩌면 거의 불가능한 일이기도 하지요.

예를 들어 '돈'만 해도 아무리 벌어도 부족한 것이 돈입니다. 욕망
을 관리하거나 내려놓지 않으면 돈을 향한 목마름은 계속될 수밖에
없습니다. 그래서 세월이 가면서 현명한 사람들은 저마다 욕망을 내

려놓는 방법을 찾게 됩니다. 욕망이 치솟는 한 어떤 조건도 충족될 수 없는 것입니다.

열악한 조건 하면 떠오르는 인물이 사도 바울입니다. 이분은 그리스도교가 전 세계로 퍼져가는 데 결정적인 기여를 한 분이지요. 사도 바울이 없었다면 오늘날의 그리스도교가 존재할 수 있었을까요? 물론 그가 없었더라도 하나님은 또 다른 제자를 세웠을 것입니다. 그럼에도 불구하고 사도 바울의 저술들을 읽다 보면 이분이 하나님의 나라를 확장하는 데 얼마나 헌신적이었고 탁월한 분이었는지 놀라움을 표하지 않을 수 없습니다.

그런데 그는 학식에서는 뛰어났지만 여러 모로 부족함을 지녔던 분이었습니다. 우선 신체적인 질병이 있었는데 특히 눈이 아주 좋지 않았습니다. 신학자들은 간질병을 앓았다고도 하고 안질병을 앓았다고도 합니다. 더욱이 전도를 하는 입장에서는 말을 잘하는 일이 필요한데, 다음 구절로 미루어볼 때 말주변도 미흡했던 모양입니다. "내가 비록 말에는 부족하나 지식에는 그렇지 아니하니."(「고린도후서」11:6)

그래서 고린도교회에서는 사도 바울 대신에 설교를 잘했던 아볼로파가 생길 정도였습니다.

저는 이따금 예전에 눈이 나쁜 사람들은 어떠했을까를 생각해보곤 합니다. 안경이 없었을 테니까요. 저도 눈이 무척 좋지 않은데 이렇게 현대에 태어나 안경으로 시력을 교정할 수 있으니 참 다행이라는 생각입니다. 만일 그 옛날에 태어났더라면 평생을 흐릿한 세상 속에 살아가느라 얼마나 고생했을까요. 그런데 사도 바울은 자신의 육체적인 질병과 연약함을 '육체의 가시'라고 표현합니다.

여러 계시를 받은 것이 지극히 크므로 너무 자고(자만)하지 않게 하시려고 내 육체에 가시 곧 사탄의 사자를 주셨으니 이는 나를 쳐서 너무 자고하지 않게 하려 하심이니라. - 「고린도후서」 12:2

부족한 것을 채우려는 것은 인간적인 소망입니다. 사도 바울도 인간이기에 하나님께 자신이 가진 육체의 가시를 치유해달라고 했을 것입니다. 충분히 예상할 수 있는 일이지요. 우리는 늘 완벽한 조건을 구하게 됩니다. "제가 하나님의 일을 더 잘하기 위해서는 이런저런 조건이 부족합니다. 그러므로 하나님께서 저를 긍휼히 여기셔서 이런저런 조건을 채워주시옵소서."

우리는 늘 기도 속에서나 소망 속에서나 이런 바람을 가집니다. 사도 바울 역시 자신의 부족한 점과 불편한 점을 채워달라고 하나님께 세 번씩이나 기도했는데, 이에 대한 하나님의 답이 바로 서두에 인용한 구절입니다.

"나에게 이르시기를 내 은혜가 네게 족하도다." 참으로 대단한 발견이자 깨달음이지요. 하나님이 이런 깨달음을 주셨습니다. "내 능력이 약한 데서 온전하여짐이라"고 말씀하셨습니다. 역설이긴 하지만 이것은 진리지요. 부족한 가운데서 더 완전해진다는 말씀 말입니다. 욕망이나 부족함이란 끝이 없으니까요.

저는 정말 한국 사람들은 복 받은 사람이라고 생각합니다. 저희 세대만 하더라도 가난의 끝자락을 기억하는 세대입니다. 설탕, 기름, 밀가루 등 어느 것 하나 풍족하지 않은 어린 시절을 보냈습니다. 그래서 지금 제가 누리고 있는 것 그리고 우리 세대가 누리고 있는 것, 나아가 한국인들이 누리고 있는 것에 대해 단순한 감사 이상의 마음을 갖고 있습니다.

그리스도교는 감사의 종교입니다. 하나님이 베푼 사랑에 대한 감사에서 출발하는 종교이지요. 감사할 수 있기 때문에 용서할 수도 있습니다. 이 책을 대하는 분들 가운데는 어려운 환경에 처한 분들도 계실 겁니다. 어려움이 닥치게 되면 부족한 것만 크게 다가옵니다. 그리고 자신이 이미 가진 것에 좀처럼 눈길을 주기가 쉽지 않습니다. 어려운 상황에 도달할수록 이미 갖고 있는 것에 주목할 수 있다면 낙담을 피하고 재기할 수 있는 용기를 가질 수 있을 텐데 말입니다.

하나님과 동행하는 사람들이 누릴 수 있는 큰 축복 가운데 하나가 늘 감사하는 마음을 갖게 된 것입니다. 한 끼 식사에서도, 한 잔의 물에서도 감사함을 표할 수 있습니다. 이게 그냥 주어진 것이 아니라 하나님으로부터 주어진 것이라고 생각하기 때문입니다.

사도 바울의 고백에서 우리는 부족함을 온전히 받아들일 때 바로 거기에서부터 다시 일어설 수 있는 용기와 힘을 얻을 수 있음을 깨닫게 됩니다. 약하기 때문에, 부족하기 때문에, 못났기 때문에 역설적으로 더 강할 수 있고, 더 풍요로울 수 있고, 더 잘날 수 있는 것이 믿는 자입니다. 사도 바울은 자신이 약하기 때문에 더 강할 수 있음을 이렇게 증언하고 있습니다.

> 이는 그리스도의 능력이 내게 머물게 하려 함이라. 그러므로 내가 그리스도를 위하여 약한 것들과 능욕과 궁핍과 박해와 곤고를 기뻐하노니 이는 내가 약한 그때에 강함이라. -「고린도후서」12:10

믿음은 우리가 어떤 현상을 바라보는 시각을 인간적인 노력이 아닌 우리 안에 역사하는 성령 하나님의 도움으로 180도 바꿔버립니다. 믿음이 없으면 어떻게 약할 때에 더 강할 수 있느냐고 반문할 수 있습니다. 그리고 그렇게 되어보려 노력해도 자꾸 더 강하고 더 잘났고 더 나은 사람들이 눈에 들어옵니다. 하지만 하나님을 믿게 되면 자신이 가진 작은 것에 온전히 주목하면서 더 큰 것을 만들 수 있는 지혜와 화평 그리고 기쁨을 누릴 수 있습니다.

부족한 상태에서 더 강할 수 있다고 말하는 사람이라면 어떻게 세상과 인생을 긍정의 눈으로 보지 않겠습니까? 그런 사람이 어떻게 잘되지 않을 수 있겠습니까?

강하고 담대하라

강하고 담대하라. 두려워하지 말며 놀라지 마라.
네가 어디로 가든지 네 하나님 여호와가 너와 함께하느니라.

Be strong and courageous. Do not be terrified; do not be discouraged,
for the LORD your God will be with you wherever you go.

— 「여호수아」 1:9

::까닭 없는 어려움이 버티고 있을 때 누구나 두려움에 떨게 되지요. "잘되지 않으면 어떻게 하나"라는 걱정 때문에 초조해집니다. 사람의 본성이 본래 그러하기 때문에 누구나 그런 심적 상태에 빠지게 됩니다. 굳센 의지력을 갖고 있는 사람은 그 정도가 덜하겠지만 두려움과 불안감에서 완전히 자유로울 수는 없습니다.

걸어온 지난날을 생각해보시기 바랍니다. 아마도 몇 번 정도 기로에 섰을 때가 있었을 것이고 무엇이 옳은 길인지 알 수 없는 두려움을 경험하기도 했을 것입니다. 믿음이 없으면 모든 것을 내 힘으로 이겨내야 하니까 삶이 참으로 고단합니다. 그러나 믿음을 가진 사람은 당연히 두려워해야 하고 놀라워해야 하고 걱정해야 할 때에 더 강하고 담대하게 나아갈 수 있습니다. 하나님이 자신과 함께한다는 확신을 갖고 있기 때문입니다.

40년의 광야 생활을 마무리하고 젖과 꿀이 흐르는 가나안 땅을 정복하기 전에 모세는 죽음을 맞게 됩니다. 이때 모세를 이어서 여호수아가 지도자가 됩니다. 하나님은 여호수아에게 세 번이나 강하고 담대하라는 말씀을 전하면서 내가 항상 너와 함께하리라는 점을 분명히 합니다.

> 네 평생에 너를 능히 대적할 자가 없으리니 내가 모세와 함께 있었던 것같이 너와 함께 있을 것임이니라. 내가 너를 떠나지 아니하며 버리지 아니하리니. - 「여호수아」 1:5

여기서 우리가 주목해야 할 점은 어떤 조건 하에서 하나님이 약속을 지킬 것인가 하는 점입니다. 하나님은 율법의 묵상과 준수 두 가지를 주문하고 있습니다. 그러니까 율법을 묵상하고 지키는 자에게 항상 함께할 것이며 그가 도모하는 일에 대해 만사형통하게 만들 것임을 약속하셨습니다. 하나님의 축복은 그냥 누릴 수 있는 것이 아닙니다. 더 풍성히 누리려면 말씀의 묵상과 실천을 자신의 것으로 만들어야 합니다. 『성경』이 약속으로 구성되어 있음을 염두에 두면 이해하고도 남음이 있습니다. 하나님의 축복을 누리는 자라면 당연히 그것에 걸맞은 의무를 다해야 한다는 것이지요.

> 이 율법책을 네 입에서 떠나지 말게 하며 주야로 그것을 묵상하여 그 안에 기록된 대로 다 지켜 행하라. 그리하면 네 길이 평탄하게

될 것이며 네가 형통하리라. -「여호수아」 1:8

『구약』시대의 율법 준수는 『신약』시대에는 예수 그리스도에 대한 믿음을 뜻합니다. 『구약』시대에 하나님과 함께함은 『신약』시대에는 성령과 함께함을 뜻합니다. 그렇다면 어떤 상황에서든 강하고 담대하게 나아갈 수 있는 조건은 예수 그리스도에 대한 믿음을 갖고 살아가는 것입니다.

똑같이 어려운 시기를 통과할 때도 어려움을 차고 나가는 방법은 사람마다 다릅니다. 부정적인 시각을 가진 사람, 긍정적인 시각을 가진 사람, 성령과 함께하는 사람. 이 세 부류의 사람들은 제각각의 문제 해결 방법을 갖고 있습니다. 앞의 두 부류에 속하는 사람은 일단 힘이 듭니다. 그러나 마지막 부류에 속하는 사람은 힘이 훨씬 덜 듭니다. 의지력을 갖고 이겨내려는 사람은 지칠 수도 있고 중간에 포기해버릴 수도 있습니다. 그러나 성령과 함께하는 사람에게 포기란 없습니다. 자신을 대신해서 성령이 문제를 척척 해결해주실 테니까요.

가끔 평소 씩씩하고 아무 문제가 없었던 사람이 극심한 어려움에 처해 스스로 목숨을 끊어버리는 일이 있습니다. 저는 이것을 악령의 역사로서 이해합니다. 그분의 영혼이 못된 악령에 사로잡힌 것이지요. 일단 악령에 사로잡히고 나면 본인의 의지력으로 이를 벗어나기가 무척 힘듭니다. 노력하면 할수록 점점 악령의 수렁에 빠져들게 되지요.

성경에는 사탄, 마귀, 악령, 흑암 등과 같은 표현들이 자주 등장합니다. 그리고 예수님의 이적 가운데 마귀를 쫓아낸 이야기들이 많습니다. 사실 영의 세계는 볼 수도 만질 수도 없고 논리적으로 설득할 수도 없습니다. 그러나 우리에게 영혼이 존재하는 것은 분명합니다. 영의 세계는 빛과 어둠의 세계로 나뉘는데 빛의 세계는 성령이, 어둠의 세계는 악령이 주관합니다. 그러니 성령의 역사가 있다면 당연히 그 반대인 악령의 역사도 있습니다.

여러분이 성령과 항상 함께한다면 언제 어디서나 두려움 없이 담대하고 강하게 살아갈 수 있습니다. 이런 면에서 보면 믿는 자는 엄청난 파워, 즉 영적 파워를 갖는 셈입니다. 종종 유명인들에게도 목숨을 끊는 안타까운 일들이 일어납니다. 그들 가운데는 교회를 다니는 분들도 많습니다. 그러면 왜 그분들은 자신이 이미 갖고 있는 영적인 힘을 제대로 사용하지 못한 것일까요?

그 당시 그분들은 불화, 불안감, 허무감, 우울증, 초조감 등이 어우러져 심리적으로 힘든 상황에 놓여 있었을 것입니다. 악령에 사로잡힌 상태입니다. 만일 그분이 교회를 다니는 것에 그치지 않고 복음을 정확하게 이해했더라면, 그리스도가 믿는 자에게 악령을 결박시킨 다음 내쫓아버릴 수 있는 파워를 이미 제공했음을 알았을 텐데 참으로 안타까운 일입니다.

우리가 예수를 믿음은 예수로부터 자신에게 권세가 주어졌음을 믿는 것이기도 합니다. 이는 그리스도의 세 가지 직분 가운데 하나인 '참왕'을 믿는 자가 누릴 수 있음을 뜻하는 것입니다. 왕이 적을 무찌르는 것처럼, 그리스도의 직분 가운데 매우 중요한 직분이 사탄이나 악령을 결박시켜 내쫓아버리는 힘이지요. 이것은 당연히 믿는 자라면 평소에도 위기에 처했을 때 자주 이용할 수 있는 특별한 능력입니다.

믿는 자로서 예배당을 다니지만 영적인 힘을 제대로 발휘하지 못한 채 흐느적거리듯 살아가는 분들을 주변에서 보게 됩니다. 마음 아픈 일입니다. 자신이 만들지 않아도 믿음을 갖는 순간 자신에게 허락되는 힘을 제대로 사용하지 못하는 것은 복음에 대한 이해 부족이라고 할 수밖에 없습니다. 『성경』에는 사탄이나 마귀를 그리스도의 이름으로 결박시켜 내쫓는 증거들이 많이 소개되어 있습니다.

> 내가 하나님의 성령을 힘입어 귀신을 쫓아내는 것이면 하나님의 나라가 이미 너희에게 임하였느니라. 사람이 먼저 강한 자를 결박하지 않고서야 어떻게 그 강한 자의 집에 들어가 그 세간을 강탈하겠느냐 결박한 후에야 그 집을 강탈하리라. - 「마태복음」 12:28-29

> 하나님의 아들이 나타나신 것은 마귀의 일을 멸하려 하심이라.
> - 「요한일서」 3:8

실제로 하나님을 믿는 사람들은 힘들 때나 어려울 때나 언제 어디서나 하나님의 또 다른 모습인 성령이 자신과 함께한다고 굳게 믿으면서 살아간답니다. 세상 사람들이 무엇을 입을까, 무엇을 먹을까, 무엇으로 즐거운 시간을 지낼까 등과 같은 문제들에 과도하게 관심을 갖고 시간을 쏟을 때 믿는 자들은 완전히 다른 방식으로 삶을 바라볼 것입니다.

즉 그들은 어떻게 하면 하나님께 더 잘 다가갈 수 있을까? 어떻게 하면 지금보다 더 성령 충만할 수 있을까? 이런 문제들에 대해 깊은 관심을 가질 것입니다. 그래서 그들은 『성경』 말씀을 듣고 읽는 것을 주야로 즐기게 됩니다. 왜냐하면 바로 거기에 성령 충만의 비결이 있다고 생각하기 때문입니다. 성령 충만이야말로 문제를 헤쳐가는 데 필요한 지혜와 지식 그리고 에너지를 공급하는 지름길이라고 보는 것이지요.

아마도 이들은 "진리의 말씀과 하나님의 능력으로 의의 무기를 좌우에 가지"(고린도후서 6:7)는 데 더 큰 관심을 갖고 있을 것입니다. 결과에 연연해하기보다는 오직 성령 충만으로 많은 문제를 해결할 수 있다고 믿습니다.

믿는 자들은 『성경』 말씀(히브리어로 다바르, 헬라어로 로고스)에서 히브리적 의미에 주목합니다. 히브리어에서 말씀은 사건이며, 행위이기도 합니다. 이것은 이미 성취된 것과 성취될 것에 대한 보고를 의미합니다. 『성경』은 하나님의 말씀으로서 하나님의 과거 사건과 미래에 행하실 역사를 보여주고 있습니다. 그래서 말씀의 묵상이 꼭 필요한 것입니다.

사랑의 실천, 복음의 씨앗을 뿌리다

하나님은 사랑이시라 사랑 안에 거하는 자는
하나님 안에 거하고 하나님도 그의 안에 거하시느니라.
God is love. Whoever lives in love lives in God, and God in him.
- 「요한일서」 4:16

　　:: 하나님은 자연적 속성과 아울러 도덕적 속성을
갖고 계십니다. 거룩하심, 의로우심, 자비로우심, 사랑이심, 미쁘심,
영광스러우심, 질투하심 등 여러 가지가 있습니다. 이 가운데 으뜸을
하나만 들자면 그것은 사랑의 하나님입니다.

　사랑의 하나님은 어떤 하나님일까요? 하나님은 인간을 사랑하사
독생자 예수를 이 땅에 보내셨고, 그로 하여금 죄인인 우리를 대신해
서 죽임을 당하게 함으로써 보혈의 피로 우리의 죄를 대속하셨습니
다. 우리가 이제껏 어떻게 살아왔건 현재 어떤 사람이건 상관없이 예
수를 하나님의 아들이라 시인하고 예수가 우리를 대신해서 죽고 우
리가 죄 사함을 얻게 되었다는 것을 시인한다면, 그 사람 안에 하나
님이 거하시고 그 사람도 하나님 안에 거하게 됩니다. 이처럼 죄인인

인간이 그리스도를 믿음으로써 구원받는다는 것은 그리스도교의 독특한 구원관입니다.

믿는 자 안에 하나님이 거하시고 하나님 안에 믿는 자가 거하신다는 말씀에 대해 『성경』은 이렇게 말합니다. "누구든지 예수를 하나님의 아들이라 시인하면 하나님이 그의 안에 거하시고 그도 하나님 안에 거하느니라."(「요한일서」 4:15)

믿는 자 안에 하나님이 거하심을 달리 이야기하면 믿는 자 안에 사랑의 하나님이 거하심을 뜻합니다. 그렇다면 믿는 자는 하나님의 사랑을 소유하고 실천하는 자임을 알 수 있습니다. 하나님의 사랑은 인간의 사랑처럼 감정이나 기분이 아니라 능력입니다. 싫어하는 사람조차 사랑할 수 있는 것이 하나님 사랑입니다. 사람은 자신이 좋아하는 사람은 사랑할 수 있겠지만 싫어하는 사람까지 사랑하기는 어렵습니다. 그래서 사람의 사랑과 하나님의 사랑은 다르지요. 믿는 자가 되면 사람의 사랑이 아니라 하나님의 사랑에 다가가게 됩니다. 이것은 인간이 갖고 싶다고 가질 수 있는 종류의 사랑이 아니기 때문에 이런 사랑을 두고 성령의 열매라고 합니다.

믿는 자는 하나님의 사랑 안에 거하는 사람이기 때문에 이웃 사랑을 실천할 수 있어야 합니다. 이따금 그리스도인들의 선교 활동을 못마땅하게 보는 사람도 있습니다. 그런데 이를 『성경』의 시각에서 바라보면 자신 안에 함께하는 하나님의 사랑을 실천하는 활동이라 할 수 있습니다. 믿는 자에게 구원은 매우 중요한 일이기 때문에 복음을 왕성하게 전하는 일이야말로 우선순위가 매우 높은 활동이지요.

믿는 자이면서 하나님의 사랑을 실천하지 않는 것은 바람직하지 않습니다. 제대로 믿기 시작하면 자연스럽게 믿지 않는 사람을 위해 시간을 내고 물질을 바칩니다. 하나님이 사랑의 확증으로 예수님을 이 땅에 보내셨듯 믿는 자가 되면 자신의 사랑을 생면부지 사람들을 위해 사용하려 합니다. 언더우드 선교사와 아펜젤러 선교사가 19세기 말엽에 조선 땅을 밟았듯이 오늘날도 많은 선교사들이 척박한 이국 땅으로 나갑니다. 하나님 사랑을 전하기 위해, 다시 말하면 하나님 말씀을 전하기 위해서 말입니다.

> 하나님이 세상을 이처럼 사랑하사 독생자를 주셨으니 이는 그를 믿는 자마다 멸망하지 않고 영생을 얻게 하려 하심이라.
> – 「요한복음」 3:16

믿지 않는 사람의 입장에서는 다른 종교가 지배적인 나라들에 선교사를 파송하는 일이 때로는 못마땅한 일일 수도 있습니다. 그러나 『성경』의 시각으로 보면 이는 그리스도인들이 수행해야 할 대단히 중요한 사명입니다. 하나님 자녀가 된 사람들이 당연히 해야 할 일이지요. 하나님의 사랑을 멀리 멀리 퍼뜨리는 일이야말로 믿는 자에게 무척 소중한 미션이랍니다.

그런데 이런 부분에 대해 오해도 많은 것이 사실입니다. 여기서 선교宣敎는 '가르친 것을 베푸는 일'입니다. 따라서 선교는 전도활동과 구제활동으로 나누어집니다. 얼마 전에 재벌 총수를 지냈던 분이『조선일보』에 '우리 종교, 교세 확장보다 사회 기여 생각할 때'라는 칼럼을 기고했습니다. 개신교의 선교와 전도 활동을 못마땅하게 생각하는 내용이었습니다.

"종교의 역할은 이승에서 서로 사랑하고 도와서 더 나은 삶을 살아야 저승에서 행복을 누린다는 믿음을 키워가자는 것이며, 이 믿음이 죽음을 더 편한 마음으로 맞게 해준다는 것이다. 하지만 유난히 저승을 강조하는 우리나라 종교관 때문인지 자기 종교가 천국을 더 잘 보장해준다는 독선이 판을 친다. 자기 종교를 믿지 않는 이들을 구원하겠다고 남의 일에 참견하니 갈등이 생겨나는 것이다."

저는 이 칼럼을 읽으면서 지상에서 큰 성공을 거두었다고 하더라도 영혼의 문제에 대해 이야기할 때는 좀 신중해야 하지 않느냐는 생각이 들었습니다. 첫째, 종교는 이승에서 서로 사랑하고 도와주는 일의 문제가 아닙니다. 그것은 윤리와 도덕에서 다룰 부분입니다. 이승에서 서로 사랑하고 도와주는 선행을 베푸는 일은 종교에서는 보조적인 차원의 일일 뿐입니다. 종교는 영혼의 문제를 다룹니다. 당연히 영혼 구원에 관한 일이 종교의 주요한 관심사입니다. 종교에 대한 정의 자체가 잘못되어 있습니다.

둘째, 개신교의 교리를 독선으로 볼 수 없습니다. 개신교는 기본적으로 하나님이란 유일신 사상을 근거로 하고 있습니다. 『성경』을 기본으로 하는 교리 자체가 하나님이라는 절대자를 기본으로 하고 있습니다. 교리 자체가 그렇게 되어 있고 또 그것을 믿는 신도들이 많습니다. 이들의 믿음이 잘못되었다고 어느 누구도 이야기할 수 없습니다.

셋째, 선교나 전도 활동 자체를 못마땅하게 생각하는 것은 올바르지 않습니다. 『성경』은 믿는 자들에게 복음이라는 좋은 것을 주변 사람들에게 널리 알리라고 권면하고 있습니다. 그래서 그리스도교는 전도활동을 매우 중요하게 생각합니다. 전도는 남에게 복음을 알리는 활동이기도 하고 설득하는 활동이기도 합니다. 누구든지 할 수 있는 일이지요. 제가 이렇게 글을 쓰는 일 또한 남을 설득하는 일이니까요. 우리는 늘 직접적으로든 간접적으로든 누군가를 설득하지 않습니까?

네팔이나 인도 그리고 아프리카와 중앙아시아 등지의 오지에서 10~20년간 복음을 전하기 위해 헌신하는 선교사들은 하나님의 사랑을 전하는 사람들입니다. 그들이 이 땅에서 얻을 수 있는 다른 세속적인 영광이 무엇이 있을까요? 우리가 잊지 말아야 할 것은 구한말의 조선은 오늘날 선교사들이 활동하던 지역보다 훨씬 더 낙후되고 열악하고 희망이 없던 곳이었다는 사실입니다. 26세의 청년 언더우드(연세대학교 창립자)가 1885년 4월 5일 제물포항에 최초의 선교사로 발을 내딛던 당시의 조선은 암담함 그 자체였습니다. 그의 기도문에는 암담함을 주께 아뢰는 내용이 등장합니다.

"주여! 지금은 아무것도 보이지 않습니다. 보이는 것은 고집스럽게 얼룩진 어둠뿐입니다. 어둠과 가난과 인습에 묶여 있는 조선 사람뿐입니다."

그들이 뿌린 복음의 씨앗이 우리나라가 이 정도로 발전하는 데 초석이 되었음을 잊지 말아야 합니다. 언더우드가 평생을 바쳐서 목사, 번역자, 출판인, 선교사로 조선 사람을 위해 일했던 것은 일신의 영광을 얻기 위함이 아니라 하나님의 사랑을 이 땅에 전하기 위함이었습니다. 오늘날 오지에서 해외 선교사로 사역하는 분들은 모두 또 다른 언더우드들입니다.

내 안에 허락된 영적인 힘

예수 그리스도는 어제나 오늘이나 영원토록 동일하시니라.

Jesus Christ is the same yesterday and today and forever.

— 「히브리서」 13:8

:: 세상의 모든 것은 변합니다. 영원한 것이 없습니다. 사람도 건물도 상품도 기계도. 그런데 『성경』 말씀은 정말 오래된 것이지요. 그래서 『성경』을 단지 인문학 서적의 하나로 읽게 되면 "옛적에 하나님의 아들로 불리는 예수 그리스도가 이런저런 이적을 행했구나." 하는 정도로 받아들일 수 있습니다. 그러면 『성경』 말씀은 옛날이야기가 되어버리고 그 이야기는 어느새 나와는 전혀 관련 없는 따분한 이야기가 되어버립니다.

책을 좋아하는 분들이라면 헨드릭 빌렘 반 룬이란 작가를 아실 겁니다. 『아버지가 들려주는 세계사 이야기』, 『예술사 이야기』 등 20여 권의 저서를 쓴 분입니다. 주요 저술들이 우리나라에 대부분 소개되어 있습니다. 이분은 『신약이야기』, 『구약이야기』, 『명화로 보는 성경

이야기』등을 펴낸 분이기도 합니다. 그런데 이분은 아마도 유대교를 믿는 분인 것 같습니다. 그의 책을 읽다 보면 예수님은 그저 '나사렛에 살았던 검소한 목수' 정도로밖에 평가되어 있지 않습니다. 그가 쓴 두꺼운 책『명화로 보는 성경 이야기』서문에는 이런 내용이 들어 있습니다.

"신약, 이건 좀 어려울 것 같다.『신약』은 단 한 사람을 중심으로 한단다. 아무것도 원하지 않고 자신의 모든 것을 준 나사렛 마을 사람의 검소한 이야기지. 난 예수의 생애보다 더 흥미진진한 이야기는 아직 읽어보지 못했단다. 너희들에게 내가 본 것에서 덜함도 더함도 없이 예수의 일생을 설명하고자 한다."

예수님의 신적인 특성은 한 번도 언급하지 않고 그저 옛날 옛적에 살았던 목수님 이야기를『신약』이라고 이해하고 있습니다. 그때 저는 유대인들은 예수님의 신성을 전혀 인정하지 않는다고 생각했습니다. 헨드릭 빌렘 반 룬은 결론 장에서 이런 이야기를 하기도 합니다.

"그는 유대 선지자 중 최후의 가장 위대한 선지자였으며, 국가에 위기가 있을 때마다 나타난 담대한 영적 지도자들의 직접적인 후손이었다."

성경에 등장하는 많은 선지자들 가운데 한 사람으로 예수님을 받아들입니다. 그러니까 살아계신 하나님의 아들에 대해서는 어떤 언급도 하지 않고 예수님이 메시아로 이 땅에 오신 사실에 대해서도 어떤 언급도 하지 않습니다. 이렇게 유대교와 기독교 사이에는 큰 간격이 있습니다. 유대교에는 예수님이 서 있을 자리가 전혀 없는 것이지요. 유대인에게 예수는 역사 속에 살았던 여러 선지자 중의 한 사람이었을 뿐입니다. 따라서 유대교에는 그리스도교의 핵심인 복음이 들어설 어떤 공간도 허락되지 않습니다.

제가 믿음을 갖기 전에 그랬습니다. 집안 여기저기에 『성경』책이 있었습니다. 이 책 가운데 가장 큰 비용을 들인 것은 유학할 때 구입했던 근사한 영어 성서책이었으나 그마저도 관심을 크게 두고 읽지는 않았습니다. 그러나 제가 믿음을 가진 사건이 일어난 순간부터 『성경』말씀은 옛날 옛적 이야기가 아니라 지금도 일어나고 있으며 앞으로도 일어나게 될 하나님의 약속 모음집으로 받아들여졌습니다. 이를 조금 자세히 살펴보겠습니다.

하나님의 자연적 속성에는 영원성과 불변성이 있습니다. 그때나 지금이나 하나님은 변함없이 존재하신다는 것이지요. 그렇다면 하나님의 또 다른 위격인 예수님과 성령 또한 2천 년 전이나 지금이나 변함없이 우리와 함께 계신다는 말씀입니다. 이것이 작은 차이 같지만 믿는 자와 믿지 않는 자의 차이를 낳습니다. 또한 『성경』을 인문학 서적의 하나로 간주할지 아니면 하나님의 영감으로 기록된 말씀으로 간주할지의 차이를 낳게 됩니다. 하나님의 영원성과 불변성을 받아들인다면 예수님은 어제나 오늘이나 내일이나 간에 한결같이 우리와 함께 계신 분입니다.

나 여호와는 변하지 아니하리니 그러므로 야곱의 자손들아 너희가 소멸되지 아니하느니라. - 「말라기」 3:6

주는 한결같으시고 주의 연대는 무궁하리이다. - 「시편」 102:27

그렇다면 「사도행전」 1장에서 예수님이 하늘로 올라가시기 전에 약속하셨던 다음 말씀을 기억할 필요가 있습니다. "오직 성령이 너희에게 임하시면 너희가 권능을 받고 예루살렘과 온 유대와 사마리아와 땅끝까지 이르러 내 증인이 되리라 하시니라."(「사도행전」 1:8)

예수님의 이적을 직접 목격했던 사도들과 같이 동시대의 인물들뿐만 아니라 우리들 중에서도 믿는 자가 되기만 하면 성령이 주는 권능을 누릴 수 있다는 이야기입니다. "성령이 너희에게 임하시면 너희가 권능을 받고"라는 예수님의 말씀처럼 말입니다. 마찬가지로 그 권능을 활용하여 자신의 삶을 더 나아지게 만들 수 있음은 물론이고 전도 활동에서 열과 성을 다할 수 있다는 이야기지요. 여기서 나아가 진정으로 믿는 자가 되면 하나님의 성품을 닮아가기 때문에 매일 매일 더 나은 사람이 될 수밖에 없습니다.

중요한 사실은 여러분과 내가 믿기만 하면 사도들이 누렸던 권능을 성령으로부터 받을 수 있다는 사실입니다. 삶에 치이다 보면 스스로가 얼마나 보잘것없는 사람으로 여겨집니까? 그러나 예수님은 우리 개개인을 그렇게 보지 않았습니다. 저와 여러분은 예수님이 자신의 목숨을 바칠 정도로 귀한 존재랍니다.

성경 속의 걸출한 인물들이 있지요. 요셉, 다윗, 바울 등은 모두 『성경』에 대단한 족적을 남겼던 인물입니다. 그들은 하나님과 함께했기 때문에 하나님이 허락한 권세를 이용해서 한 민족을 구하고, 이스라엘을 번영한 국가로 만들고, 기독교를 전 세계에 퍼뜨리는 데 결정적인 역할을 했습니다. 이들은 무리 속에 속한 사람이 아닌 하나님과 함께하는 한 개인이었습니다. 그러나 그 개인으로 말미암아 세상에 개벽과 같은 일들이 일어나게 된 것입니다.

그것은 역사적 사실로서만 존재하는 것이 아닙니다. 여러분과 내가 하나님과 함께한다면 지금도 일어날 수 있는 일이라는 사실을 『성경』은 증언하고 있습니다. "의복처럼 갈아입을 것이요 그것들은 옷과 같이 변할 것이나 주는 여전하여 연대가 다함이 없으리라 하였으나."(「히브리서」 1:12)

예수님이 가시고 난 다음 예수님은 우리에게 성령을 남겼습니다. 그 성령과 함께한다면 능치 못할 일이 없다는 것이지요.

우리는 『성경』의 연대를 크게 세 부분으로 나눌 수 있습니다. 예수 탄생 전을 성부시대로, 예수의 사역기간을 성자시대로, 예수 승천 후의 시대를 성령시대로 말입니다. 「창세기」에는 하나님이 믿음의 조상 아브라함의 아내 사라에게 "여호와께 능치 못한 일이 있겠느냐?"라고 묻는 대목이 나옵니다. 여호와는 모든 것을 능하게 하실 수 있다는 이야기지요. 이제 우리는 하나님과 예수님을 성령을 통해서 만날 수 있는 시대를 살아가고 있습니다. 성령은 우리에게 "성령 하나님께서 능치 못한 일이 있겠느냐?"고 묻고 있습니다.

하루는 「사도행전」을 듣고 있는데 한 문장이 정확하게 저의 마음을 사로잡았습니다. 베드로가 로마군대의 백부장이었던 고넬료의 말을 듣고 하나님의 뜻이라 확신하고 이방인의 집에서 복음을 전할 때에 일어난 사건입니다. 복음을 전하기 시작하자마자 성령이 내려와서 세례를 주는 것이었습니다.

하나님이 우리가 주 예수 그리스도를 믿을 때에 주신 것과 같은 선물을 그들(이방인)에게도 주셨으니 내가 누구이기에 하나님을 능히 막겠느냐 하더라. - 「사도행전」 11:17

저의 머릿속에는 하나님의 사랑은 그야말로 언제 어느 곳에서나 차별 없이 주어지는 것이라는 생각이 스쳐 지나갔습니다. 우리가 마음의 문을 열기만 하면 하나님이 주셨던 권세와 예수님이 주셨던 권세는 오늘날 성령을 통해 우리에게 고스란히 전달될 수 있습니다. 우리는 제대로 사용하기만 하면 됩니다. 하나님이 허락하는 영적인 힘을 사용할 수 있는 자격과 능력은 믿는 자에게만 주어집니다.

평안은 주어지는 것이다

평안을 너희에게 끼치노니 곧 나의 평안을 너희에게 주노라.
내가 너희에게 주는 것은 세상이 주는 것과 같지 아니하니라
너희는 마음에 근심하지도 말고 두려워하지도 말라.

Peace I leave with you; my peace I give you.
I do not give to you as the world gives.
Do not let your hearts be troubled and do not be afraid.

– 「요한복음」 14:27

　　　　:: 현대인들은 마음의 평안을 얻기 위해서 명상, 음악, 요가, 마인드컨트롤 등 정말 많은 것을 사용합니다. 저는 그런 방법들이 상황이나 환경 그리고 본인 상태에 따라서 어느 정도 효과가 있다고 생각합니다. 그러나 상황이나 환경이나 인간적인 노력에 관계없이 변함없는 평안을 과연 예수 그리스도와 함께하지 않을 때 느낄 수 있을지에 대해서 의문을 갖고 있습니다.

　성경은 "악인에게는 평강이 없다"(「이사야」 57:21)고 말합니다. 반면에 "믿음으로 의롭게 된 자는 화평을 누린다"고 말합니다. 정말 그렇습니다. 예수를 제대로 믿으면 마음이 참으로 잔잔해집니다. 온화해지고 잔잔해지고 요동치는 일이 크게 줄어듭니다. 아마도 예수 믿기 시작한 분들이 크게 내세울 것이 없더라도 자신이 보기에도 신기하

게 생각할 수 있는 것이 바로 이 점일 것입니다.

보통 세상 사람들은 상황이나 환경 그리고 타인이 자신의 마음의 평안을 깨지 않기만을 소망합니다. 다시 말하면 마음의 평강은 타인이나 상황이 주도권을 쥐고 있다고 생각하는 것이지요. 상황이 좋으면 혹은 타인이 나를 제대로 대해주면 그때서야 비로소 평안을 누릴 수 있게 됩니다.

우리의 일상을 돌아봅시다. 평안한 마음으로 출근길에 나섰더라도 만원 지하철에 시달리다 보면 어느새 열을 받게 되고 마음의 평안은 언제 있었던가 싶을 정도로 깨지고 맙니다. 그러나 예수님이 선물하는 평안은 그런 것과는 전혀 관련이 없답니다. 힘들 때나 좋을 때나 언제 어디서든 평안이 함께할 수 있습니다. 지하철에서 무례하게 지나치는 사람을 만나거나 불쑥 끼어들어서 놀라게 하는 사람이 있을지라도 "저분이 급한 일이 있는 모양이구나." 하고 슬쩍 넘어가버립니다. 입에서 험한 말이 나오지 않습니다.

왜 그럴까요? 하나님의 평안이, 예수님의 평안이, 성령의 평안이 하나님으로부터 주어지기 때문입니다. 아무 대가도 없이 선물로 주어지지요. 믿는 사람에게 하나님이 누리는 평안은 고스란히 전달됩니다.

> 아무것도 염려하지 말고 다만 모든 일에 기도와 간구로, 너희 구할 것을 감사함으로 하나님께 아뢰라. 그리하면 모든 지각에 뛰어난 하나님의 평강이 그리스도 예수 안에서 너희 마음과 생각을 지키시리라. - 「빌립보서」 4:6-7

우리가 할 수 있는 유일한 일은 죄를 짓지 않도록 하는 겁니다. 죄를 짓고 나면 사람은 아무리 노력해도 화평을 누릴 수 없습니다. 설령 죄를 지었을 때도 죄를 자복하고 기도로 용서를 구할 수 있습니다만 죄지음 상태에서 평안을 누리기는 쉽지 않습니다.

여기서 다시 한 번 그리스도인의 삶에 대해서 생각해보시기 바랍니다. 내 힘으로 모든 것을 해결하려고 안간힘을 써야 하는 삶이 아닙니다. 하나님께서 책임지시고 내 안에서 살아내시는 삶임을 잊지 마시기 바랍니다.

우리가 늘 노심초사하게 되는 것은 삶의 모든 것이 우리에게 달려 있다고 생각하기 때문이지요. 상황이 악화되어서 세상 사람들이 큰일 났다고 야단법석을 떨더라도 여러분은 담대하게 "더 큰 쓰임을 위한 하나님의 계획표가 있는 게 분명해"라고 이야기할 수 있어야 합니다.

생각을 나 자신에게 고정시키면 일이 잘 되어갈 때는 별 문제가 없지만 일이 꼬여갈 때는 삶 전체가 꼬여버리게 됩니다. 어떤 사람이 배를 타고 가다가 선물 받은 값비싼 칼을 바다 속에 떨어뜨렸다고 가정해봅시다. 칼을 찾기 위해 떨어뜨린 지점을 배 위에다 잘 표시해두었다고 해보세요. 그가 칼을 찾을 수 있을까요? 배는 계속해서 움직이게 됩니다. 자신의 결심이나 의지나 노력에만 주목하는 삶이 이런 것 아닐까요?

마음과 의지 모두 변화하는데 이것을 바꾸기 위해서 노력하면 모든 것이 기대하는 대로 이루어질 수 있을까요? 그 대신에 여러분의 생각을 주님께 고정시켜보세요. 그러면 일이 어떻게 되든지, 상황이 어떻게 변하든지, 여러분의 마음이 아무리 업과 다운을 반복할지라도 그에 관계없이 여러분은 하나님의 평강을 나누어가질 수 있을 것입니다.

성령, 마음 가득 뿌려진 빛과 힘

내가 떠나가는 것은 너희에게 유익이라, 내가 떠나가지 아니하면
보혜사(성령)가 너희에게로 오시지 아니할 것이요,
가면 내가 그를 너희에게 보내리라.

But I tell you the truth: It is for your good that I am going away. Unless I go away,
the Counselor will not come to you; but if I go, I will send him to you.

-「요한복음」 16:7

:: 『성경』과 기독교를 접하다 보면 자주 나오는 표현이 '성령(The Holy Spirit)'입니다. 아주 중요한 것입니다. 하나님은 성부 하나님이시고, 예수님은 성자 하나님이시며, 이 두 분으로부터 나오는 또 다른 하나님이 성령 하나님이십니다. 하나님이란 한 분의 실체를 놓고 세 가지 위격으로 받아들일 때 우리는 성부, 성자, 성령이란 표현을 사용합니다.

성경을 읽으면서 극적인 대목들을 많이 만나지만 그중에서도 빛나는 대목이 「사도행전」 1~2장입니다. 예수님이 죽임을 당하신 이후 사흘만에 부활하시고 40일 동안 이 땅에서 활동하신 다음 하늘로 승천하는 광경이 생생하게 기록된 내용입니다. 예수님이 승천하실 때 염려하는 제자들에게 하신 말씀 중에는 그리스도교를 제대로 아는

252

데 필수적인 내용이 들어 있습니다.

　예수님은 하늘나라로 올라가시지만 엄청난 선물을 믿는 자에게 남깁니다. 그 선물이 바로 하나님의 또 다른 위격인 성령 하나님이십니다. 그러니까 성령 하나님을 보내신 분은 두 분 즉 성부 하나님과 성자 하나님이십니다. 「요한복음」 16장 7절은 예수님께서 제자들에게 내가 하늘로 떠나기 때문에 성령을 보내실 수 있다고 말씀하시는 대목입니다. 예수님의 부활과 승천이 있었기 때문에 보혜사 성령도 우리와 함께하실 수 있게 된 것이지요.

　「요한복음」 14장에는 근심하는 제자들을 위로하시는 예수님의 모습이 잘 그려져 있습니다. 여기서 예수님은 제자들뿐만 아니라 오늘날 예수를 믿는 모든 자에게 또 다른 약속을 하십니다. 예수님의 이 약속이야말로 믿는 자에게 언제나 "내가 지금도 하나님과 함께하고 있다"는 확신을 심어주게 됩니다. 우리는 변함없이 나를 보호하시고, 부족한 것을 공급하시고, 가야 할 길을 인도하시고, 틀린 것을 가르쳐주시고 고쳐주시는 하나님이 함께하기 때문에 흔들림 없이 자신의 길을 뚜벅뚜벅 걸어갈 수 있을 것입니다. 이런 것을 가능하게 하는 확신뿐만 아니라 실질적인 능력을 주시겠다는 예수님의 놀라운 약속이 「요한복음」에 소개되어 있습니다.

　첫째는 내가 가진 힘을 믿는 자에게 주실 것이라는 약속입니다. 여기서 한 걸음 더 나아가 예수님은 내가 할 수 있는 것보다 더 큰 일을 할 수 있는 힘을 주시겠다고 약속하십니다. 믿음에서 나오는 영적인 힘이 얼마나 강할 것인가를 약속하시는 내용입니다. 예수님의 이 대단한 약속에 힘입어 예수님의 권세에 힘입은 사도들이 복음을 증거하면서 많은 기적을 일으키는데 이 내용들의 일부가 「사도행전」의 3장부터 28장까지 증거되어 있습니다. 예를 들어, 베드로는 한 번 설교 때 3천 명의 영혼들에게 예수님을 믿도록 했을 뿐만 아니라 앉은뱅이를 일으켜 세우는 기적을 행합니다. 이것은 베드로의 힘이 아니라 예수님이 보내주신 성령 하나님의 역사였습니다.

> 내가 진실로 진실로 너희에게 이르노니 나를 믿는 자는 내가 하는 일을 그도 할 것이요 또한 그보다 큰일도 하리니 이는 내가 아버지께로 감이라. - 「요한복음」 14:12

둘째, 예수님은 그런 힘을 활용할 수 있는 방법을 가르쳐주시리라 했습니다. 이것을 해달라, 저것을 해달라고 그냥 소망을 늘어놓을 것이 아니라 모든 간구를 예수님의 이름으로 구하라는 말씀을 하십니다. 예를 들어, "예수 그리스도 이름을 받들어서 ~을 해주옵소서"라는 식으로 말입니다. 그렇게 한다면 내가 믿는 자가 구하는 것들이 가능하도록 하겠다는 약속의 말씀을 하십니다. 세상에 어느 누가 "구하라 그러면 무엇이든지 내가 행하리라"고 약속하실 수 있겠습니까? 믿는 자는 기도할 때마다 중보자 예수 그리스도의 이름으로 하나님께 구할 수 있고 그러면 하나님이 응답하실 것이라는 약속을 예수님이 하고 계신 겁니다.

> 너희가 내 이름으로 무엇을 구하든지 내가 행하리니 이는 아버지로 하여금 아들로 말미암아 영광을 받으시게 하려 함이라. 내 이름으

로 무엇이든지 내게 구하면 내가 행하리라. -「요한복음」12:13-14

셋째, 예수님은 예수님이 보내는 성령이 또 다른 인격체임을 분명히 말씀하실 뿐만 아니라 성령이 영원히 믿는 자와 함께하실 것이라는 약속을 주셨습니다.

내가 세상 끝날까지 너희와 항상 함께 있으리라 하시니라.

-「마태복음」28:20

예수님은 하늘나라로 떠나시지만 '다른 보혜사保惠師'인 성령으로 영원히 함께하시겠다는 약속은 믿는 자가 『신약』에서 발견할 수 있는 엄청난 특권에 해당합니다. 여기서 보혜사는 원어 '파라클레토스'에서 나온 말로 '돕는 자'를 말하는데 성령의 또 다른 표현입니다. 보혜사는 보호해주시고, 위로해주시고, 가르쳐주시고, 생각나게 해주신 하나님의 제3위격인 성령을 뜻합니다.

내가 아버지께 구하겠으니 그가 또 다른 보혜사를 너희에게 주사 영원토록 너희와 함께 있게 하리니 그는 진리의 영이라 세상은 능히 그를 받지 못하나니 이는 그를 보지도 못하고 알지도 못함이라. 그러나 너희는 그를 아나니 그는 너희와 함께 거하심이요 또 너희 속에 계시겠음이라. -「요한복음」14:16-17

넷째, 예수님은 죽음에서 부활하셔서 사도들 곁에 돌아왔듯이 재림을 통해 다시 믿는 자에게 오실 것을 약속하고 계십니다. 예수님이 믿는 자들에게 돌아오실 것을 약속하는 것은 모두 세 번입니다. 하나는 죽음 이후에 부활을 통해 돌아오시는 것이고, 다른 하나는 승천 후에 성령으로 돌아오시는 것이며, 마지막으로 앞으로 재림을 통해 죽은 자와 산자를 심판하러 오시는 것입니다.

> 내가 너희를 고아와 같이 버려두지 아니하고 너희에게로 오리라.
>
> -「요한복음」14:18

믿음을 갖는다는 것은 성령을 마음으로 믿고 입으로 시인하는 일입니다. 그래서 신앙고백에는 '성령을 믿사오며'라는 대목이 들어 있습니다.

제 책상에는 국제기드온협회에서 나누어준 꼬마 『성경』이 한 권 있는데, 이 소책자의 맨 뒷부분에 '그리스도를 나의 구세주로 영접하는 나의 결심'이란 글이 소개되어 있습니다.

"나는 지금 하나님 앞에 내가 죄인이라고 하는 것을 고백하면서 또한 예수 그리스도께서 나의 죄를 위해서 십자가에 달리어 죽으셨다가 나의 의義를 위해서 다시 살아나신 것을 믿으면서 나는 이 순간 그리스도를 나의 구주로 받아들임과 동시에 예수님께서 나의 구주가 되신 것을 여기에 고백합니다."

이 내용을 마음으로 시인하고 입으로 고백하게 되는 것을 두고 우리는 흔히 영접을 받았다 혹은 구원을 받았다라는 표현을 사용합니다. 간단한 내용처럼 보이지만 이것을 마음으로 믿기가 쉽지 않으니다. 그래서 영접을 받는다는 것은 하나님의 영 즉 성령의 역사함이 없으면 가능한 일이 아닙니다. 눈으로 볼 수 없고 만질 수 없는 것을 기꺼이 받아들이는 일이 어디 쉬운 일이겠습니까? 영접이 이루어지는 순간 대단한 일이 일어나게 됩니다. 바로 성령의 세례를 받게 되는 것이지요. 하나님의 영이 여러분 몸에 들어오면서 믿는 자의 몸은 하나님의 성전으로 바뀌게 됩니다.

> 너희 몸은 너희가 하나님께로부터 받은바 너희 가운데 계신 성령의 전인 줄을 알지 못하느냐 너희는 너희의 것이 아니라.
> -「고린도전서」6:19

그때부터 믿는 자는 성령이 늘 자신을 떠나지 않고 충만하게 하는 활동을 전개하게 됩니다. 성령 충만은 진지한 그리스도인으로 자신을 완성시켜 나가길 소망하는 사람들이 가장 간절히 구하는 일이기도 합니다. 성령 충만 여부는 우선은 자신이 알아차리고 가까이 지내는 분들도 알아차릴 수 있다고 봅니다.

예배당을 나간 지 얼마간의 시간이 흘렀을 때 아내가 저에게 말했습니다. "나도 남들처럼 방언도 해서 성령 충만을 받을 수 있었으면 좋겠다"고. 그래서 병을 치유하는 은사가 많은 한 목사님의 예배당에 가서 철야 기도를 하고 오겠다고 하더군요. 그때 제가 말했습니다. "당신은 이미 성령 충만한 사람이오"라고.

함께 사는 부부는 상대방에게 일어나는 변화를 금방 감지할 수 있습니다. 예배에 빠지지 않고 틈만 나면 부지런히 말씀 공부를 하는 아내는 놀라울 정도로 마음의 평안을 유지하고 있었습니다. 또한 늘 얼굴이 밝고 기쁨이 차고 넘치는 것을 제가 알 수 있었던 것입니다.

　오랫동안 믿음 생활을 해온 한 분은 저에게 성령 충만은 90퍼센트 이상이 방언으로 나타나기 때문에 방언은 필수로 받아야 한다고 이야기하기도 합니다. 또한 그분은 10퍼센트 정도의 사람에게는 성령 충만이 지혜나 예언, 신유(병 고치는 능력) 등으로 나타난다고 자신 있게 이야기하기도 합니다만 저의 생각은 좀 다릅니다.

　오직 말씀에 굳건히 뿌리를 두게 되면 말씀 묵상 중에 스스로 변화해가는 자신을 느낄 수가 있습니다. 한 가정이 믿음의 가정이 되면 아버지는 가정 내 제사장의 직분을 갖게 됩니다. 믿음을 가르치는 자리에 서게 되는 것이지요. 그래서 스스로 공부해야 할 필요를 강하게 느끼게 되고 교리 중에서 그 집에서 꼭 받아 지녀야 할 교리를 선별해야 할 때도 있답니다. 가족들의 신앙생활에서 중심을 잡는 일도 가장의 책무라고 생각합니다.

절실한 기도의 힘

너는 내게 부르짖으라. 내가 네게 응답하겠고
네가 알지 못하는 크고 은밀한 일을 네게 보이리라.

Call to me and I will answer you and tell you great and
unsearchable things you do not know.

－「예레미야」33:3

:: 인간의 힘으로 도저히 어찌해볼 수 없는 상황에
서 기도로 응답받은 사람들의 이야기를 들을 때가 있습니다. 특히 병
을 치유했다고 간증하는 분들의 말씀은 사실 액면 그대로 믿기에는
너무 놀라운 이야기들입니다. 그에 대한 판단은 잠시 미루어두고『성
경』에서는 간절히 구하는 것을 어떻게 받아들이는지에 대해 살펴보
겠습니다.

위의 구절은 선지자 예레미야가 옥중에서 하나님 말씀을 받고 전
하는 모습입니다. 하나님께서는 믿는 자에게 그냥 구하는 것이 아니
라 부르짖을 정도로 간절히 구하라고 말씀하십니다.『구약』세계에서
는 하나님이 기도에 대해 직접 응답하셨습니다. 그러나 예수님이 우
리를 위해 대속하신 이후에는 믿는 자의 기도가 하나님 아버지에게

상달되는 길은 오직 그리스도의 공로를 통해서입니다. 예수님께서는 이렇게 분명히 말씀하셨습니다.

> 내가 곧 길이요 진리요 생명이니 나로 말미암지 않고는 아버지께로 올 자가 없느니라. - 「요한복음」 14:6

진실되고 간절한 기도는 천사에 의해서 하나님께 올라갑니다. 기도의 상달에 대해서는 다음처럼 『성경』에 기록되어 있습니다.

> 천사가 이르되 네 기도와 주제가 하나님 앞에 상달되어 기억하신 바가 되었으니. - 「사도행전」 10:4

기도가 무엇입니까? 기도는 하나님 아버지와 대화하는 일이기도 하고 동행하는 일이기도 합니다. 하나님은 자기의 의를 내세우는 사람이 아니라 믿음으로 의를 구하는 사람과 동행하고 대화를 나누시길 원하십니다. 따라서 사랑과 순종 그리고 간절함이 없는 기도는 응답되지 않을 것입니다.

예를 들어 바알 선지자 850명이 갈멜산에서 자기 몸을 찢고 피를 흘리면서 종일 하나님께 부르짖었지만 하나님의 응답을 받을 수 없었습니다. 하나님은 하나님의 의가 아니라 자신의 의를 구하는 기도를 받아주지 않습니다. "구하여도 받지 못함은 정욕으로 쓰려고 잘못 구함이니라."(「야고보서」 4:3)

하지만 하나님은 의인의 간구함에 대해서는 확실한 답을 주십니다.

"이러므로 너희 죄를 서로 고하고 병 낫기를 위하여 서로 기도하라. 의인의 간구는 역사하는 힘이 많으니라."(「야고보서」 5:16)

하나님의 말씀을 충실히 순종하는 거룩함이 없다면 기도의 응답을 받을 수 없습니다. 예수님은 믿는 자 특히 성령 충만한 자의 진실한 기도에 대해 응답하실 것임을 말씀하셨습니다.

> 너희가 내 안에 거하고 내 말이 너희 안에 거하면 무엇이든지 원하는 대로 구하라 그리하면 이루리라. - 「요한복음」 15:7

하나님이 사랑했던 사무엘에 대한 『성경』 말씀을 읽다 보면 가슴에 깊이 스며드는 문장이 있습니다.

> 사무엘이 자라매 여호와께서 그와 함께 계셔서 그의 말이 하나도 땅에 떨어지지 않게 하시니. - 「사무엘상」 3:19

하나님과 함께하면서 늘 기도하는 사람이라면 어떠한 기도도 땅에 떨어지지 않을 것입니다. 간절한 기도, 신실한 기도의 힘은 바로 여기에 있습니다. 기도를 차곡차곡 저축해가시기 바랍니다. 한 톨도 땅에 떨어지지 않습니다.

사람의 일이 아닌 '신의 일'

선생들이여 내가 어떻게 하여야 구원을 받으리이까 하거늘 이르되
주 예수를 믿으라. 그리하면 너와 네 집이 구원을 받으리라 하고
He asked, "Sirs, what must I do to be saved?"
Then they spoke the word of the Lord to him and to all the others in his house.
-「사도행전」16:31-32

:: 한국은 전 세계에 약 2만 5천여 명의 선교사를 파송하고 있습니다. 절대 수치 면에서 보면 미국에 이어 2위를 차지하고 있으며, 자국 인구수 비율로 보면 단연코 세계 1위를 차지하고 있지요. 한번은 탄자니아 동부 킬리만자로 인근에 사는 용맹한 무사족 마사이족을 상대로 20년간 선교 활동을 펼쳐온 박은순 선교사에 관한 기사를 읽었습니다. 20년이면 참으로 긴 세월인데 독신으로 어떻게 그렇게 헌신할 수 있었을까라는 생각을 했습니다. 또한 같은 지역에서 활동해온 이진섭 선교사는 20년을 준비해서 탄자니아 연합대학교를 세워 선교활동을 해오고 있습니다. 이슬람 국가에 대한 선교는 선교 활동 중에서도 아주 어려운 일이라고 하는데, 이분들의 선교 사역은 그저 놀랍기만 합니다. 『조선일보』에 '마사이 전사와 한국 선

교사들의 운명적 만남'이라는 제목으로 이분들의 취재기사가 다음과 같이 실렸습니다.

> 38만 평 부지에 들어선 종합대학이지만 전교생이 여섯 명뿐인 탄자니아 연합대학교는 총장을 비롯한 교직원 30명 모두 무보수 자원봉사자들이며 자금을 지원한 곳도 한 곳도 없는데 2016년까지 학생 4천 명을 유치한다는 목표가 확고합니다. 이쯤 되면 개신교 선교사들은 용맹함을 넘어 '무모하다'고 할 수 있을 것입니다.

제가 아는 교인들 중에도 수시로 비용과 시간을 들여 캄보디아, 베트남, 인도 등으로 단기 선교를 떠나는 분들이 있습니다. 생업을 제쳐두고 일 년에 얼마 되지 않는 휴가를 모아서 선교활동을 하는 젊은 분들을 이해하는 일은 믿지 않는 분들에게는 쉽지 않은 일입니다. 기독교는 유일신을 믿기 때문에 믿지 않는 분들에게는 다소 독선적으로 보입니다. 위에서 본『조선일보』한상혁 기자의 기사에 몇 분이 남긴 댓글은 그리스도교에 대한 일반인들의 생각이 잘 담겨 있었습니다. 그 중 두 분의 댓글을 소개한 다음에 제 의견을 정리해보도록 하겠습니다.

"기독교는 왜 자기들 종교만 옳다고 고집하는지 모르겠다. 남의 종교도 인정해주고 서로 상생해야 하는 게 종교인의 도리 아닌가? 더구나 이슬람도 같은 뿌리인데 말이다."(김남훈 독자)

"지구상의 전 인류의 고유한 문화는 그 나름의 토속적 신앙과 종교에 뿌리를 두고 있고 영향을 받고 있습니다. 기독교의 선교활동은 사실 그 고유한 종교와 문화를 못살고 못 배웠다는 것 때문에 달콤한 사탕으로 깡그리 없애고 말살하려는 것 같은 느낌입니다. 한번 생각해 보면 과연 기독교라는 종교가 마사이족의 토속신앙과 종교보다 우월하고 위대하다고 감히 말할 수 있을까요?"(배종구 독자)

제 막내아들은 19세기 최고의 복음전도사로 미국의 교회 부흥을 이끌었던 드와이트 무디 목사가 세운 고등학교를 다녔습니다. 하지만 이 학교는 창립자와 종교에 대해서는 거의 교육하지 않습니다. 제 아들 녀석이 '종교와 사회'라는 과목의 과제물로 쓴 에세이 중 '종교, 이기적인 창조물Religion, a Selfish Creation'이라는 에세이가 제게 인상적이었는데, 아들의 글에는 이런 대목이 나옵니다.

"더 나은 종교를 찾는 일은 지구상의 다양한 종족들 가운데 우수한 종족을 찾는 것과 같다. 어떤 종교가 다른 종교보다 더 나은 것이 아닌 것처럼 어떤 종족도 다른 종족에 비해 우수하지는 않다. 다시 말하면 더 정확하고 올바른 종교는 없다. (…)

사람들이 저마다 관습을 제거해버리고 나면, 종교는 기본적으로 개인들을 돕기 위한 도구다. 종교는 설명할 수 없는 질문들에 대해 답을 하며, 사람들의 불안감과 죄의식을 들어주고 지켜야 할 도덕 규칙들을 제공한다. 우리는 더 나은 종교를 두고 다툴 필요가 없다. 왜냐하면 종교의 일반적인 목표는 우리의 필요를 충족시키는 것과 같이 보편적이기 때문이다."

댓글을 남긴 두 분뿐만 아니라 신앙을 갖기 전의 막내아들의 주장은 지구상의 다양한 종교처럼 그리스도교 역시 사람이 신을 만들었다는 데 바탕을 두고 있습니다. 그러나 믿는 자는 기독교를 사람이 만든 종교로 받아들이지 않습니다. 바로 이 점에서 다른 종교와 그리스도교 사이에는 갈등이 불가피한 점이 있습니다. 결국 차이는 태초부터 존재했던 유일신인 '하나님God'과 그 밖에 '사람들이 만든 신Man-made God'의 차이라 할 수 있습니다.

제가 다른 분들에게 하나님을 소개할 때 자주 사용하는 이야기는 이렇습니다. "사람이 만든 신에게 간절히 절하거나 기도한다고 해서 나무나 돌로 만든 우상이 여러분에게 어떤 힘을 줄 수 있다고 보십니까? 없습니다. 반면에 태초부터 존재했던 유일한 하나님은 믿음을 가진 자에게 성령으로 지금 이 순간에도 함께하기 때문에 힘을 줄 수 있는 것입니다."

그리스도교를 체계화하는 데 큰 역할을 맡았던 사도 바울은 이 점을 충분히 이해하고 있었습니다. 사도 바울이 예루살렘을 떠나서 소아시아와 유럽에서 활동하던 당시에 그가 어떻게 복음을 전파했는지에 대해서 『성경』은 상세하게 증언하고 있습니다. 바울은 고린도를 떠나기 전 소아시아의 아덴에서 설교를 했습니다. 아덴은 온 성에 우상이 가득했다고 합니다. 이런 우상을 보고 바울이 사람들에게 전한 메시지의 핵심은 사람이 만든 신과 하나님이 다르다는 점을 분명히 증거하고 있습니다.

> 이와 같이 하나님의 소생이 되었은즉 하나님을 금이나 은이나 돌에다 사람의 기술과 고안으로 새긴 것들과 같이 여길 것이 아니니라. - 「사도행전」 17:29

사도 바울은 당시의 소아시아이자 오늘날 터키의 에베소에서도 예수의 이름으로 병을 고치는 이적을 많이 보이게 됩니다. 당시에 그곳에는 아르테미스 신을 믿는 사람들이 꽤 많았습니다. 아르테미스 신상을 만들어서 돈을 많이 번 데메드리오라는 공장 주인이 직공들과 신상을 판매하는 사람들을 모아두고 사도 바울 때문에 돈벌이에 지장이 생긴 이유를 말하는데, 그의 말 속에는 그리스도교의 핵심이자 복음의 핵심이 들어 있습니다. 사도 바울의 설교에 담긴 주요 핵심은 이렇습니다.

사도 바울은 사람의 손으로 만든 것들은 신이 아니라고 말한다He says that man-made gods are no gods at all.

"이 바울이 에베소뿐 아니라 거의 전 아시아를 통하여 수많은 사람을 권유하여 말하되 사람의 손으로 만든 것들은 신이 아니라 하니 이는 그대들도 보고 들은 것이라."(「사도행전」 19:26)

범신론이 아니라 유일신을 믿는 것은 배타적으로 보일 수도 있습니다. 이것저것이 아니라 '하나'라는 것은 늘 타인들의 비난 대상이 될 수 있습니다. 제가 나서 자란 고향의 영적 분위기를 잠시 소개하겠습니다. 바다를 상대로 불확실한 수산업을 했기 때문에 어머니는 끊임없이 누군가에게 빌었습니다. 장독대에 정화수를 떠놓고 빌기도 하고, 보름달이 휘영청 밝은 바닷가에서 빌기도 하며, 출어하는 뱃머리에서 돼지머리를 두고 고사를 지내기도 하고, 어장막터 뒤에 영험이 가득한 것처럼 보이는 큰 바위 앞에서 빌기도 하며, 때가 되면 막내인 저를 용화사나 관음사 등의 절에 파견해서 시주를 하게 하기도 했습니다. 출어를 했는데도 불구하고 어황이 좋지 않거나 작업 중에 사고로 사람이 목숨을 잃기라도 하면 무당을 불러서 제법 큰 굿을 했습니다.

지금도 '둥둥둥' 하는 북소리와 대나무를 잡고 몸을 떨던 무당들을 생생하게 기억하고 있으니까요. 저의 유소년기는 거친 바다, 길흉화복, 돼지머리, 고사, 무당 등에 대한 기억과 떨어지려야 떨어질 수가 없습니다. 어머니의 종교관은 범신론이었던 것입니다. 그래서 제가 믿음을 갖기 전만 하더라도 "내가 이만큼 사는 것은 부모와 조상의 음덕이다"라는 이야기를 자주 했으니까요. 이 또한 조상신에 대한 막연한 숭배를 말하는 것이지요.

그러나 우리는 살아가면서 제대로 된 신앙과 믿음 그리고 종교에 대한 이해를 위해 시간을 쏟는 경우가 없습니다. 부모의 통념이나 집안의 관습에다 나름의 지식을 합쳐서 어정쩡한 종교관을 갖게 됩니다. 저 또한 청소년기부터 예배당을 오고가기를 반복했지만 종교와 하나님을 깊숙이 들여다본 것은 나이 50줄에 들어서면서였으니까요. 그래서 아들이 고교 시절에 쓴 '종교, 이기적인 창조물'이란 에세이를 읽고 잘 썼구나 생각할 정도였지요.

제가 신앙을 갖기 전과 후에 느낀 하나님에 대한 생각은 「고린도전서」에 나오는 사도 바울의 이야기와 같습니다. 세상에는 인간이 만든 수많은 신들이 있지만 하나님은 그런 신이 아니라는 사실입니다. 사도 바울은 이렇게 이야기하고 있습니다.

비록 하늘에나 땅에나 신이라 불리는 자가 있어 많은 신과 많은 주가 있으나 그러나 우리에게는 한 하나님 곧 아버지가 계시니 만물이 그에게서 났고 우리도 그를 위하여 있고 또한 한 주 예수 그리스도께서 계시니 만물이 그로 말미암고 우리도 그로 말미암아 있느니라. 그러나 이 지식은 모든 사람에게 있는 것은 아니므로.

- 「고린도전서」 8:5-7

믿음을 갖는다는 것은 사도 바울과 생각을 같이하는 것을 말합니다. 세상에는 수많은 신들이 있지만 사람이 만든 신들과 하나님이 다르다는 사실에 대한 확신을 갖게 됨을 뜻합니다. 중요한 것은 하나님을 믿는 것 그리고 자신의 영혼에 대해 더 깊이 이해하는 것은 종교인이나 종교 전문가들만이 관심을 가져야 할 일이 아니라는 사실입니다. 이것은 바로 여러분 자신과 아이들 그리고 그 이후의 세대들의 삶에 엄청난 영향을 끼치는 문제이기 때문입니다.

하나님을 믿을 것인가 그렇지 않을 것인가는 남의 일이 아니라 바로 여러분의 일이라는 사실을 잊지 않아야 합니다.

언제 어디서나 함께하리니

내가 세상 끝날까지 너희와 항상 함께 있으리라.
And surely I am with you always, to the very end of the age.
－「마태복음」28:20

:: "제가 35년간 교회에 다녔는데 지금도 외로움을 느낄 때가 많아요. 그리고 왜 나는 이렇게 힘든 일이 많을까? 이런 생각이 들 때도 자주 있어요."

제가 한분과 대화를 나누다가 들었던 진지한 이야기입니다. 가만히 생각을 해봤습니다. 왜 그럴까? 일단 그분이 다닌 '교회'가 성도에 대한 신앙 훈련에서 미흡함이 있었다는 것이 한 가지 이유일 수 있습니다. 그리고 다른 한 가지 이유는 개인이 믿음의 성장을 위해 노력을 게을리해왔다는 이야기를 할 수 있을 것입니다.

그런데 저를 포함해서 정말 많은 분들이 일생을 통해서 교회 문을 몇 번씩 들어왔다 나갔다 하면서도 제대로 신앙의 뿌리를 내리지 못하는 것이 현실이라 생각합니다. 교회를 잘 다니는 것과 믿음을 제대로 갖는 것 사이에는 어느 정도 관련성이 있겠지만 이 두 가지가 반드시 일치하는 것은 아니라고 봅니다. 예수님을 자신의 구주로 영접하게 되면 외로움을 느끼지 않아야 합니다. 힘들다고 느낄 때도 "그렇지, 내가 힘들긴 하지만 정말 감사해야 할 것이 많은 인생이구나"라는 생각이 삶의 주를 이루어야 합니다. 물론 인간이기 때문에 이따금 그런 감정 상태에 놓이기도 하겠지만 대체로 언제 어디에 있든지 간에 하나님과 함께한다는 확신을 갖게 되어야 올바른 상태라고 생각합니다.

신앙생활은 영성과 지성 사이에서 절묘한 조화를 이루어야 합니다. 영적인 부분도 중요하지만 동시에 하나님이나 예수님을 정확하게 이해하려는 노력 그리고 기독교 신앙의 본질을 깨우치려는 노력이 함께 이루어져야 합니다. 진정으로 귀한 것이라면 그것을 더 정확히 알려는 욕구가 있어야 합니다. 영혼의 대부분을 지배하는 것이 믿음이라면 당연히 믿음의 실체와 본질 그리고 핵심을 이해하려고 노력해야 합니다.

외로움을 느끼는 이유는 곁에 아무도 없다고 생각하기 때문이지요. 그러나 제대로 된 믿음을 가진 사람이라면 기독교 신앙의 가장 본질적인 두 부분, 즉 성삼위일체 하나님에 대한 정확한 이해와 예수님에 대한 정확한 이해만으로도 항상 하나님의 또 다른 모습인 성령이 자신과 함께한다는 확신을 가질 수가 있지요.

흔히 '성령이 내주한다'는 표현을 사용하지 않습니까? 신앙심을 표현한 대표적인 『성경』 구절 가운데 하나가 「갈라디아서」 2장 20절이라 생각합니다.

내가 그리스도와 함께 십자가에 못 박혔나니 그런즉 이제는 내가 사는 것이 아니요 오직 내 안에 그리스도께서 사시는 것이라. 이제 내가 육체 가운데 사는 것은 나를 사랑하사 나를 위하여 자기 자신을 버리신 하나님의 아들을 믿는 믿음 안에서 사는 것이라.

– 「갈라디아서」 2:20

성령의 실체를 이해할 수 있다면 외로움을 거뜬히 벗어날 수 있습니다. A. W. 토저 목사님은 "성령은 하나님의 본질을 소유한 분으로서 우리에게 찾아와 거하실 수 있는 분"이라는 말씀과 아울러 "우리가 그리스도를 알 수 있는 것은 성령이 우리에게 빛을 비추어주시기 때문이다. 성령이 계시지 않으면 진리의 말씀조차 어둠의 말씀이 되고 만다"는 이야기를 한 적이 있습니다. 또한 "성령은 우리와 함께 살기 위해 찾아오신 그리스도 자신이시다"라고 이야기했습니다.

늘 그분과 함께 동행한다는 믿음을 가진 사람이라면 친구가 떠나가더라도, 인기가 떨어지더라도, 어떤 상황에서라도 누군가와 강하게 연결되어 있다는 확신을 갖게 되는 법입니다. 그래서 설교를 자주 듣는 기회를 갖고 궁금한 게 있다면 그 분야에 정통한 분의 책을 찾아 읽으며, 무엇보다 성서를 부지런히 듣거나 읽어야 합니다. 이렇게 되면 자연스럽게 기도와 예배로 연결되리라 봅니다. 기도 또한 '왜 기도해야 하는가'란 질문에 대해 나름의 확신이 서야 더 부지런히 기쁜 마음으로 할 수 있을 것입니다.

KI신서 5408

공병호의 성경공부
_ 성경에서 답을 찾다

1판 1쇄 발행 2014년 1월 10일
1판 9쇄 발행 2020년 6월 15일

지은이 공병호
펴낸이 김영곤 **펴낸곳** (주)북이십일 21세기북스
영업본부 이사 안형태 **영업본부장** 한충희
출판영업팀 김수현 오서영 최명열
제작팀 이영민 권경민

출판등록 2000년 5월 6일 제10-1965호
주소 (우413-120) 경기도 파주시 회동길 201(문발동)
대표전화 031-955-2100 **팩스** 031-955-2151 **이메일** book21@book21.co.kr

(주)북이십일 경계를 허무는 콘텐츠 리더

21세기북스 채널에서 도서 정보와 다양한 영상자료, 이벤트를 만나세요!
페이스북 facebook.com/jiinpill21 　　**포스트** post.naver.com/21c_editors
인스타그램 instagram.com/jiinpill21 　　**홈페이지** www.book21.com
유튜브 www.youtube.com/book21pub
서울대 가지 않아도 들을 수 있는 명강의! 〈서가명강〉
네이버 오디오클립, 팟빵, 팟캐스트에서 '서가명강'을 검색해보세요!

© 공병호, 2014

ISBN 978-89-509-5350-8 03200
책값은 뒤표지에 있습니다.